IMPRESSUM

11.2022

Pestalozzistraße 11, 91052, Erlangen, Deutschland

Covergestaltung/Capa: Claudia Aschinger
Lektorat/Korrektur (Deutsch): Sibylle Schütz

www.cgfernandes.com

Herstellung und Druck über tolino media GmbH & Co. KG,
Albrechtstr. 14, 80636 München. Printed in Germany.
Fragen zu Produktsicherheit an: gpsr@tolino.media.

Bye bye Brasil(ien)

Mein Leben als Schriftstellerin in Europa

Minha Vida de Escritora na Europa

Zweisprachig / Bilíngue

Deutsch-Portugiesisch

Chris Gomes

cgfernandes

cgfernandes
Indie. Writing. Publishing

Inhaltsverzeichnis Sumário

Vorbemerkung der Autorin

Liebe Leserin, lieber Leser,

am Ende dieses Buches werden Sie sich fragen, ob die Ereignisse, die ich hier schildere, wirklich passiert sind. Um es klarzustellen: Ich bin Schriftstellerin und es ist meine Aufgabe, Geschichten zu erfinden. Außerdem ist, wie Roland Barthes sagte, »jede Autobiographie [ist] fiktiv und jede Fiktion [ist] autobiographisch.«

Aber um Ihre Neugier teilweise zu befriedigen, bestätige ich Ihnen, dass einige Ereignisse wirklich geschahen, auch wenn sie mir nicht selbst widerfahren sind. Andere sind mir wirklich höchstpersönlich passiert und manche sind Produkte meiner blühenden Fantasie.

Ich möchte mich bei den wunderbaren Frauen der brasilianischen Frauen-Facebook-Gruppe bedanken, von denen viele ihrer lustigen und peinlichen Momente mit mir geteilt haben. Und da ich dabei bin mich zu bedanken, nutze ich die Gelegenheit, um zu erwähnen, wie mein Mann mich auf meinem Weg, meine Bücher unabhängig zu schreiben und zu veröffentlichen, bedingungslos unterstützt. Er – der nicht Nildo heißt – ist mein scharfer Kritiker, mein geschickter Lektor und mein unermüdlicher Mutmacher. Ich danke auch meinen Testleserinnen und der Lektorin dieses Buches Sibylle Schütz. Ich bedanke mich ebenfalls bei der Wiener Schreibgruppe unter der Leitung von Eva Schmidt. Zwei meiner damals entstandenen Texte, die 2011 in der Anthologie ›Weg-Kreuzungen‹ der Edition Volkshochschule veröffentlicht wurden, sind hier leicht geändert abgedruckt: ›Mahlzeit Indianer‹ und ›Die Frau mit den Zuckerwatte-Haaren‹. Diese anfängliche Ermutigung, als ich in Europa ankam, war sehr wichtig für die Entwicklung meiner Schreibkarriere.

Und schließlich bedanke ich mich bei meinen Leser*innen. Ihr seid großartig! Vielen Dank für die Unterstützung.

Viel Spaß beim Lesen,
Chris Gomes

Nota da Autora

Querida leitora, querido leitor,

Ao final desse livro você vai se perguntar se as situações que descrevo aqui realmente aconteceram. Que fique bem claro: sou uma escritora e minha tarefa é inventar histórias. Além disso, como dizia Roland Barthes: "Toda autobiografia é ficcional e toda ficção é autobiográfica."

Mas para matar um pouco de sua curiosidade garanto que algumas situações correspondem à verdade, mesmo que não tenham acontecido comigo. Outras realmente aconteceram comigo e há aquelas que são produto de minha rica fantasia.

Gostaria de agradecer às maravilhosas mulheres do grupo de brasileiras no *Facebook* que compartilharam muitos dos seus momentos engraçados e constrangedores comigo. E já que estou agradecendo, aproveito a oportunidade para mencionar como meu marido me apoia de modo incondicional nessa minha jornada de escrever e publicar meus livros de forma independente. Ele — que não se chama Nildo — é meu crítico feroz, meu habilidoso editor e meu inabalável incentivador. Também agradeço às minhas leitoras betas e à revisora deste livro Sibylle Schütz. Agradeço também ao grupo de escrita de Viena liderado por Eva Schmidt. Dois dos meus textos que foram produzidos naquela época e publicados na antologia *Weg-Kreuzungen* em 2011, foram reproduzidos aqui: *Mahlzeit Indianer* e *Die Frau mit den Zuckerwatten-Haaren.* Aquele incentivo inicial na minha chegada à Europa foi muito importante no desenvolvimento de minha carreira de escritora.

E, finalmente, agradeço às minhas leitoras e meus leitores. Vocês são sensacionais! Obrigada pelo apoio.

Boa leitura,
Chris Gomes

Hallo Deutschland

Flughafen

Als wir am Flughafen in Frankfurt ankamen, waren meine Augen noch rot. Es waren schon elf Stunden vergangen und meine Augen waren von den vielen Tränen, die ich beim Abschied vergossen hatte, noch geschwollen. Vor meinem inneren Auge sah ich noch die Gesichter meiner Eltern und meiner Freundinnen und Freunde, die sich in Rio de Janeiro von mir verabschiedet hatten. Ich hatte das Gefühl ein Loch im Herz zu haben, aber zu meinem Mann Nildo sagte ich nichts, weil mir auf Deutsch die richtigen Worte fehlten. Nildo ist Deutscher, aber er ist in Wien geboren. Ein deutscher Wiener, der kaum Portugiesisch spricht und deswegen hatten wir, als wir uns kennenlernten auf Englisch miteinander geredet. Ich hatte zwar in Brasilien für ein Jahr einen Deutschkurs besucht, aber trotzdem hatte ich immer noch Schwierigkeiten mit der deutschen Sprache. Ich drückte mich wie die Audioaufzeichnung aus einem Sprachlehrbuch aus — »Mir geht es gut. Und Ihnen?«

Am Flughafen in Frankfurt hätte ich mich ohne Nildo verlaufen. Dieses Labyrinth aus Gängen, Sicherheitskontrollen, Rolltreppen, Förderbändern, riesigen Koffern und Menschen in seltsamer Kleidung, die seltsame Sprachen sprechen — war ich zufällig auf einer *Star Trek Convention* gelandet?

Nachdem wir die Sicherheitskontrolle passiert hatten, begaben wir uns schließlich in den Bereich der Fluggesellschaft, bei der wir den Flug nach Nürnberg gebucht hatten.

Als ich dasaß und auf die Maschine wartete, fragte ich mich, ob ich das Richtige tat. Nildo erklärte mir, dass wir in Nürnberg ein Taxi nach Erlangen nehmen würden. Ich kannte Erlangen schon von Besuchen. Ab jetzt würde es mein Zuhause sein. War ich bereit dafür? Mit zwei Koffern und den Sprachkenntnissen einer Dreijährigen?

Olá Alemanha

Aeroporto

Quando chegamos ao aeroporto em Frankfurt, meus olhos ainda estavam vermelhos. Onze horas já haviam passado e meus olhos ainda estavam inchados pelas muitas lágrimas que havia derramado ao me despedir. Ainda tinha na minha frente os rostos de meus pais e minhas amigas e amigos que haviam se despedido de mim no Rio de Janeiro. Era como ter um buraco no coração, mas não disse nada ao meu marido Nildo porque não encontrava as palavras certas em alemão. Nildo é alemão, mas nasceu em Viena. Ele é um vienense alemão que mal fala português, então quando nos conhecemos, nos comunicávamos um com o outro em inglês. Eu tinha frequentado por um ano um curso de alemão no Brasil, mas ainda tinha dificuldades com a língua alemã. Eu me expressava como a gravação de áudio de um livro de idiomas — Eu estou bem. E você?

No aeroporto de Frankfurt, eu teria me perdido sem Nildo. Aquele labirinto de corredores, controle de segurança, escadas e esteiras rolantes, enormes malas e pessoas com roupas estranhas falando línguas esquisitas - eu me via por acaso em uma convenção do *Star Trek*?

Depois de passar pela segurança, finalmente chegamos à área da companhia aérea com a qual tínhamos reservado o voo para Nuremberg.

Enquanto estava lá sentada, esperando pelo avião, me perguntava se estava fazendo a coisa certa. Nildo me explicou que em Nuremberg pegaríamos um táxi para Erlangen. Já conhecia Erlangen de visitas. De agora em diante, seria meu lar. Estava pronta para isso? Com duas malas e as habilidades linguísticas de uma criança de três anos?

Ich erschrak, als ich mich umdrehte und ein grauenvolles Bild vor mir sah. Ich dachte, es sei eine Figur aus einem japanischen Horrorfilm. Rote und geschwollene Augen, dunkles Haar, das zu Berge stand. Ich brauchte eine Minute, um mich von dem Schock zu erholen, als ich feststellte, dass es sich nicht um ein primitives Monster handelte, das archaische Ängste hervorrief, sondern um mein eigenes Bild, das sich in einem großen Spiegel des Wartebereichs spiegelte. Ich ging auf die Toilette, um mein Aussehen zu begutachten. Ich hatte mein lockiges Haar für die Reise geglättet, aber die Feuchtigkeit hatte meine Bemühung zunichte gemacht. Ich könnte mir die Haare nass machen und sie zusammenbinden, aber das würde wahrscheinlich zu lange dauern. Ich betrachtete mich im Toilettenspiegel – wenn meine Mutter mich sehen würde, würde sie sagen, dass sie mich nicht kenne. Ich beschloss, nichts zu unternehmen. In Deutschland kannte mich niemand. Ich müsste nur Selfies vermeiden, dann wäre alles in Ordnung. Alles, was ich wollte, war, endlich in meinem neuen Zuhause anzukommen und unter die Dusche zu gehen.

Der Flug von Frankfurt nach Nürnberg verlief reibungslos, und ohne Essen. Uns wurde nur eine kleine Flasche Mineralwasser angeboten. Es dauerte eine Weile, bis das Gepäck auf dem Förderband erschien, und dann konnten wir durch den Korridor *Nothing to declare* gehen. Nildo sah mich lächelnd an und deutete nach vorne: Eine Gruppe seiner Freundinnen und Freunde wartete auf uns in der Halle des Nürnberger Flughafens mit bunten Luftballons, Blumen und Handys, die auf uns gerichtet waren. Ich starrte sie beschämt an. Das Gesicht dieser Horrorfilmfigur würde sich für immer in das Gedächtnis von Nildos Freund*innen und deren Smartphones einbrennen.

Levei um susto quando me virei e me deparei com uma imagem horrível. Achei que fosse um personagem de filme de terror japonês. Olhos vermelhos e inchados, cabelos escuros eriçados. Precisei de um minuto para me recuperar do choque ao tomar consciência de que não se tratava de um mostro primitivo que evoca medos arcaicos — e sim minha própria imagem refletida em um enorme espelho na área de espera. Fui ao banheiro para examinar minha aparência. Havia alisado meus cabelos cacheados para a viagem, mas a umidade havia se encarregado de colocar por terra todo meu trabalho. Podia molhar meus cabelos e prendê-los, mas provavelmente isso levaria muito tempo. Encarei-me no espelho do banheiro — se minha mãe me visse, diria que não me conhecia. Decidi que não faria nada. Ninguém me conhecia na Alemanha. Só precisaria evitar *selfies* e tudo estaria bem. Tudo que eu queria era chegar na minha nova casa e tomar uma chuveirada.

O voo de Frankfurt a Nuremberg transcorreu sem transtornos e sem comida. Nos ofereceram apenas uma garrafinha de água mineral. As malas demoraram um pouco a surgir na esteira e então pudemos seguir pelo corredor *nothing to declare*. Nildo olhou para mim sorrindo e apontou para frente: um grupo de amigas e amigos dele nos esperava no saguão do aeroporto em Nuremberg com balões coloridos, flores e celulares que apontavam na nossa direção. Eu os encarei mortificada. Aquela cara de personagem de filme de terror ficaria para sempre gravada na memória de amigos e amigas do Nildo e dos seus smartphones.

Erlangen

Nildos Wohnung befand sich in zentraler Lage, sie war schön groß und ich hatte genügend Platz für meine Sachen.

Ich begann, meinen Koffer auszupacken. Ich packte meine Bikinisammlung aus dem Koffer, und als ich spürte, wie die Kälte meine Beine hinaufkroch, fragte ich mich, wann ich in diesem neuen Lebensabschnitt die Gelegenheit haben würde, meine verschiedenen Bikinis anzuziehen. Ich zog Socken an, und holte meine Flipflops aus dem Koffer — würde ich überhaupt Gelegenheit finden, sie zu tragen?

Wir aus Rio de Janeiro sind sehr stolz auf unsere Flipflop-Sammlung. Denn in Rio tragen wir überall Flipflops. Am Strand? Blaue Flipflops mit der brasilianischen Flagge darauf. Ein Film am Nachmittag? Grüne Flipflops. Nachts ausgehen? Die schwarzen mit geflochtenen Zehenriemen — sehr trendig.

Nachdem ich meine Flipflops in den Kleiderschrank gestellt hatte, fand ich eine Sammlung des Magazins ›Der Spiegel‹.

»Nildo, was machen diese Zeitschriften hier?«

»Ich kann mich von ihnen nicht trennen.«

Ich hatte nichts gegen die Magazine. Ich setzte mich auf den Boden, betrachtete die Bilder und versuchte die Geschichten dahinter zu entdecken. Als Schriftstellerin sind mir Geschichten sehr wichtig und die Tatsache, dass mir die Sprache fremd war, bedeutete eine ganz neue Erfahrung. Ich hatte ein bisschen Angst. Die fremde Sprache war wie eine Mauer und ich befürchtete, sie würde mich von diesem mir noch unbekanntem neuen Land ausschließen. Wie sollte ich mit ihr umgehen? Versuchen über sie drüber zu klettern? Sie zu durchbrechen? Egal für welche Vorgehensweise ich mich entschied, es würde nicht einfach sein. Ich wusste, dass Energie und Mut dafür erforderlich waren, aber in diesem Moment fühlte ich mich einfach ausgelaugt.

Erlangen

O apartamento de Nildo estava localizado no centro, era bonito e grande e eu tinha espaço suficiente para minhas coisas.

Comecei a desfazer minha mala. Fui tirando minha coleção de biquínis e, ao sentir o frio subir por minhas pernas, me perguntei quando nessa nova fase da minha vida teria oportunidade de usar meus diferentes biquínis. Tratei de vestir uma meia e comecei a tirar meus chinelos de dentro da mala – Encontraria sequer a oportunidade de usá-los?

Nós do Rio de Janeiro temos muito orgulho de nossa coleção de chinelos. Porque no Rio para todo lugar que vamos, calçamos chinelos. Para a praia? Chinelo azul com a bandeirinha brasileira. Um cineminha à tarde? A verdinha. Sair à noite? A preta com tiras trançadas – totalmente *fashion*.

Após guardar meus chinelos no armário me deparei com uma coleção de revistas *"Der Spiegel"*.

— Nildo, o que fazem essas revistas aqui?

— Não tenho coragem de jogá-las fora.

Não tinha nenhum problema com as revistas. Sentei-me no chão, olhei para as fotos e tentei descobrir as histórias por trás delas. Como escritora dou importância a histórias e o fato de que o idioma era estranho para mim significava uma experiência totalmente nova. Tinha um pouco de medo. Percebia a língua estrangeira como um muro e temia que ele me afastasse deste novo país, para mim ainda desconhecido. Como devia lidar com isso? Tentar escalá-lo? Tentar quebrá-lo? Qualquer que fosse o curso de ação que eu escolhesse, não seria fácil. Sabia que exigiria energia e coragem, mas naquele momento eu me sentia esgotada.

Es war Frühling und die Tage waren wunderschön. Ich fühlte mich ein wenig wie im Urlaub und die Stadt ...

Erlangen ... ruhig und ordentlich und sauber. Es gab nur ein kleines Problem für mich: Es war zu sauber, zu ordentlich und zu ruhig. Ich hatte in Rio gelebt. Ich vermisste die Masse an Menschen, die schlechte Luft und den Lärm. Autos, Menschen, laute Musik, weinende Kinder, Schüsse. Das pure Leben. In Erlangen konnte ich sogar meine Gedanken hören.

Wir wohnten in einem Gebäude, in dem mehrheitlich Rentner lebten. Von unserem Balkon aus sah ich die Straße. Sie war so leer, als ob die Menschheit ausgestorben wäre.

Es war, als wäre man in einer Kleinstadt in einer Horrorgeschichte. Diese Harmonie hatte etwas Künstliches, und in einer plötzlichen Wendung der Handlung würde der Zuschauer ein schreckliches Geheimnis entdecken: Die Zombies sind in Wirklichkeit Vampire, die in dem verlassenen Haus leben und in der Dämmerung aus ihren dunklen Löchern kriechen, um nach Opfern zu suchen.

Wo waren die Menschen? Niemand hörte laut Radio, niemand schrie ohne Grund. Laut war nur der Fernsehapparat einer Nachbarin. In der ganzen Umgebung hörte ich nur den Apparat dieser Nachbarin. Das Gefühl von Urlaub verflog schnell.

Era primavera e os dias maravilhosos. Me senti como se estivesse de férias e a cidade...

Erlangen... calma, organizada e limpa. Havia apenas um pequeno problema para mim: era muito calma, organizada e limpa. Tinha vivido no Rio. Sentia falta das pessoas, do ar poluído e do barulho. Carros, pessoas, música alta, crianças chorando, tiros. Isso sim é que é vida. Em Erlangen, eu podia até ouvir meus pensamentos.

Vivíamos em um prédio onde moravam, em sua maioria, aposentados. De nossa varanda eu podia ver a rua. Estava tão vazia, como se a humanidade tivesse se extinguido.

Era como estar em uma pequena cidade de uma história de terror. Havia algo de artificial naquela harmonia e, numa repentina reviravolta da trama, o espectador descobriria um segredo terrível: Os zumbis são na verdade vampiros que moram na casa abandonada e, ao anoitecer, rastejam dos seus buracos escuros a procura de vítimas.

Onde estavam as pessoas? Ninguém estava ouvindo rádio alto, ninguém estava gritando sem razão. Barulho só o do aparelho de televisão de uma vizinha. Em toda a vizinhança, eu só ouvia o televisor daquela vizinha. A sensação de estar de férias se desvaneceu rapidamente.

Heimweh

Und dann kam: Heimweh, das.

Große Sehnsucht nach der fernen Heimat oder einem dort wohnenden geliebten Menschen, bei dem man sich geborgen fühlt.

Und auf Portugiesisch: *Saudade, a.*

Sentimento de nostalgia causado pela ausência de algo, de alguém, de um lugar ou pela vontade de reviver experiências, situações ou momentos já passados.

Ich vermisste Brasilien und hatte so einen Hunger, wollte weder Bratwurst noch Kartoffelsalat essen. Es schrie in mir: *Churrasco*, Polenta mit Hühnerinnereien, Bohnen mit getrocknetem Fleisch. Fürs deutsche Essen fehlte mir der Appetit. Natürlich aß ich, aber ohne dass es den seelischen Hunger befriedigt hätte, verstehen Sie?

Was ich wirklich wollte, war Hühner-*Coxinha* und *Pastel* essen und Zuckerrohrsaft trinken. Das Verlangen konnte nicht mit Ersatzessen gestillt werden. Der Hunger war ungeheuerlich und kein Verlangen des Körpers, sondern der Seele. Was für eine Lust, sich am Nachmittag mit Freunden und Freundinnen zu treffen und ein kaltes Bier zu trinken, begleitet von einer Portion gebratener Garnelen. Ich hatte Appetit auf Essen, das ich in Brasilien nicht oft gegessen habe. *Churro com doce de leite*, fettige *Risole* und herzförmige Kürbissüßigkeiten. Natürlich kann man diese Gerichte auch hier kochen, aber es fehlt immer etwas an Würze. Es geht nicht um Koriander und Kreuzkümmel, was fehlt sind das Lachen der Köchin, die Familie im Hinterhof, der Witz und die Beschwerde über die Verspätung — alle sind am Verhungern. Die Kinder rennen herum, der Dackel bellt, das Radio des Nachbarn dröhnt und die Nachbarin überwacht alles aus dem Fenster.

In Deutschland blieb mir nichts anderes übrig, als Kartoffelsalat zu essen und zu versuchen, den seelischen Hunger zu verdrängen.

Saudade

Então me atingiu: *Heimweh, das.*

Große Sehnsucht nach der fernen Heimat oder einem dort wohnenden geliebten Menschen, bei dem man sich geborgen fühlte.

Em português: Saudade, a.

Sentimento de nostalgia causado pela ausência de algo, de alguém, de um lugar ou pela vontade de reviver experiências, situações ou momentos já passados.

Sentia falta do Brasil e estava tão faminta e não queria comer nem linguiça e muito menos salada de batata. Gritava dentro de mim: churrasco, angu à baiana, feijão com carne seca. Não tinha apetite para comida alemã. Claro que comia, mas sem satisfazer a fome espiritual, você entende?

O que eu queria mesmo era comer coxinha de galinha e pastel de carne, e beber suco de cana. A vontade não podia ser aplacada com substitutos. A fome era monstruosa e não exigência do corpo e sim da alma. Que vontade de encontrar os amigos à tardinha e beber aquela cervejinha gelada acompanhada por uma porção de camarão frito. Me vi com fome de comidas que no Brasil não comia com frequência. Churros com doce de leite, risole bem gorduroso e doce de abóbora em formato de coração. É claro que se pode cozinhar os pratos aqui, mas sempre falta algo no tempero — não é o coentro, nem o cominho — é a risada da cozinheira, o resto da família no quintal contando piadas e reclamando da demora — estão todos morrendo de fome. As crianças correm pela casa, o cachorro salsicha late, o rádio do vizinho soa alto e a vizinha vigia tudo pela janela.

Na Alemanha, não tive escolha a não ser comer salada de batata e tentar reprimir minha fome da alma.

Meine Lehrerin

Aber es gab noch andere Sorgen: Ich hatte mich für einen Sprachkurs angemeldet und wollte überprüfen, ob mit meiner Anmeldung alles in Ordnung war. Das Gebäude des Sprachkurses lag an der Ecke meiner Straße, und ich ging dorthin.

Vor dem Gebäude waren einige Fahrräder abgestellt. Ich trat ein und befand mich in einem großen Raum mit einem Ecktisch, an dem eine Mitarbeiterin vor einem Computer saß. Eine Holztreppe führte in den ersten Stock, und es gab eine weitere Treppe, die wahrscheinlich in den Keller führte. Zwei junge Frauen mit langen blonden Haaren entnahmen Flugblätter aus einer riesigen Aluminiumkonstruktion, die an einer Wand befestigt war. Ich ging auf die Angestellte zu. Als sie mich sah, schaute sie von ihrem Computer auf und lächelte mich an. Sie wartete darauf, dass ich etwas sagte. Natürlich war sie auf alle möglichen Sprachen vorbereitet.

»Hallo, mein Name ist Chris Gomes«, sprach ich sie auf Englisch an.

Sie begrüßte mich, fragte, ob ich mich schon eingelebt hätte und solche Sachen.

Ich erklärte ihr meine Angelegenheit. Sie gab mir ein Formular und bat mich, es auszufüllen. Ich hasse es, Formulare auszufüllen. Seit ich mich entschlossen hatte, nach Deutschland zu ziehen, hatte ich jedoch so viele Formulare ausgefüllt, dass ich alle meine Daten auswendig konnte. Ich konzentrierte mich gerade auf diese lästige Aufgabe, als die Angestellte zu mir sagte:

»Das wird deine Lehrerin sein.«

Ich hob den Kopf und sah Frau Schwarz zum ersten Mal. Wow, was für eine Frau. Sie kam die Treppe hinunter wie eine Filmdiva aus den 1940er-Jahren. Sie muss in ihren Fünfzigern gewesen sein. Groß, blond, mit riesigen Brüsten, dünnen Augenbrauen und türkisblauen Augen. Sie trug eine beige Hose, eine leicht durchsichtige Bluse mit Dreivierteläermeln und hohe Absätze. Ihre Lippen waren tiefrot gefärbt, ihre Wimpern schwarz getuscht. Sie warf mir einen herablassenden Blick zu. Ich konnte nicht wegsehen, ich war wie hypnotisiert.

Minha professora

Mas havia outras coisas com as quais me preocupar: eu havia me inscrito num curso de idioma e decidi verificar se estava tudo certo com meu registro. O prédio do curso de idioma ficava na esquina da minha rua e caminhei até lá.

Algumas bicicletas estavam estacionadas na frente do prédio. Entrei e me vi numa sala ampla com uma mesa de canto, onde uma funcionária estava sentada na frente do computador. Uma escada de madeira dava acesso ao segundo andar e havia outra escada que provavelmente levava ao porão. Duas jovens de cabelos louros compridos escolhiam folhetos de uma enorme estrutura de alumínio afixada numa parede. Fui até à funcionária. Ao me ver, ela levantou a cabeça do computador e sorriu para mim. Esperou que eu falasse alguma coisa. De certo estava preparada para todo tipo de idioma.

— Olá meu nome é Chris Gomes — falei com ela em inglês.

Ela me deu boas vindas, perguntou se eu já havia me acomodado e tudo mais.

Expliquei a ela o motivo de estar ali. Ela me deu um formulário e me pediu para preenchê-lo. Detesto preencher formulários. Desde que tomei a decisão de me mudar para Alemanha, no entanto, havia preenchido tantos formulários que já havia decorado todos os meus dados de cor. Estava ali concentrada naquela tarefa enfadonha quando a funcionária me disse:

— Essa será sua professora.

Levantei os olhos do formulário e vi senhora Schwarz pela primeira vez. Uau, que mulher. Ela descia a escada como uma diva de cinema dos anos quarenta. Devia ter cinquenta anos. Grande, loura, de seios enormes, sobrancelha finas, olhos azuis turquesa. Trajava uma calça bege, uma blusa levemente transparente de manga três quartos e saltos altos. Seus lábios pintados de um vermelho intenso, seus cílios carregados de preto. Ela chegou ao pé da escada e me lançou um olhar condescendente. Não consegui desviar os olhos, me sentia hipnotizada.

In diesem Moment konnte ich mir nicht erklären, warum. Bei näherer Betrachtung wurde mir klar, dass ihre Macht auf ihrer dominanten Persönlichkeit beruhte. Meine Reaktion war die einer Gazelle beim Anblick eines Löwen, deren Fluchtinstinkt nicht den Alarm auslöste, aufzuspringen und sich im Gebüsch zu verstecken. Stattdessen steht die Gazelle wie ein gegrilltes Hähnchen dem Kunden zur Verfügung.

Frau Schwarz ging an mir vorbei und steuerte auf eines der Zimmer zu. Als ich aus meiner Trance erwachte, fühlte ich mich, als wäre ich gerade aufgewacht. Ich schaute mich verwirrt um und brauchte etwas Zeit, um die Fragen auf dem Formular zu beantworten.

Bei dieser ersten Begegnung hatten wir noch kein Wort miteinander gewechselt. Wie hätten wir das auch tun können? Abgesehen davon, dass ich nicht dieselbe Sprache sprach, fühlte ich mich zu eingeschüchtert, um ein Gespräch auf Englisch anzuregen. Frau Schwarz hatte diese Macht über Menschen. Obwohl ihr keine Schlangen aus dem Kopf wirbelten, konnte ein Normalsterblicher Angst haben, zu Stein zu werden, wenn er sie erblickt. Auch ein Wegschauen schien nicht in Frage zu kommen.

Nach dieser mich sehr verunsichernden Begegnung traf ich sie an meinem ersten Unterrichtstag wieder.

Naquele momento não saberia explicar o motivo. Agora, analisando bem, entendo que o poder dela vinha de sua personalidade dominante. Minha reação era a de uma gazela diante do leão, quando seu instinto de fuga não deu o alarme para dar no pé e se esconder no mato. Ao invés disso a gazela fica ali, como uma galinha grelhada à disposição do freguês.

Senhora Schwarz passou por mim e seguiu para uma das salas. Quando saí do transe, me senti como se tivesse acabado de despertar. Olhei para os lados com uma cara de confusa e precisei de um tempo para voltar às perguntas no formulário.

Naquele primeiro encontro não trocamos uma palavra. Como poderíamos? Além de não falarmos o mesmo idioma, me sentia muito intimidada para sugerir uma conversa em inglês. Senhora Schwarz tinha esse poder sobre as pessoas. Apesar de não saírem cobras de sua cabeça, o pobre mortal teria medo de virar pedra ao olhar para ela. Desviar o olhar parecia também estar fora de cogitação.

Depois daquele contato desajeitado fui encontrar com ela de novo no nosso primeiro dia de aula.

Pakt mit dem Teufel

A1

Am ersten Unterrichtstag verspätete ich mich. Ich betrat das Klassenzimmer und verbeugte mich wie ein Japaner vor seinem Chef und wiederholte »*I'm sorry, I'm sorry*«. Frau Schwarz warf mir einen Blick zu, der einen See hätte zufrieren lassen können. Sie sagte etwas auf Deutsch in einer Tonlage, die mich schrumpfen ließ.

Ich setzte mich sehr verlegen hin und hätte mir am liebsten ein Loch im Boden gegraben, um mich darin zu verstecken.

Nach diesem ersten Tag wagte ich es nie wieder, verspätet zu erscheinen, was mir viel Mühe bereitete und mir den Ruf exotisch zu sein einbrachte. Und das nur, weil ich oft mit Hosen ankam, die nicht zu meinen Blusen passten, und sogar mit verschiedenen Schuhen an den Füßen. Obwohl ich mir am Vortag meine Kleidung ausgesucht hatte, überlegte ich es mir in der Früh immer wieder anders, und da ich genau zehn Minuten Zeit hatte, das richtige Outfit zu finden – was nie geschah –, hatte ich zum Schluss eine schwarz-weiß gestreifte Bluse und einen mit grünen und roten Blumen bedruckten Rock an.

Mein Haar war eine Kategorie für sich. Ich behandelte es immer mit Gel und Cremes, entschlossen es offen zu tragen, schließlich hatte ich so schönes, lockiges, volles Haar, aber das Ergebnis missfiel mir immer. Wenn ich Bilder von Modeschauen in Paris anschaute und die Models auf dem Laufsteg mit ihren langen Beinen und dem hoch toupierten Haar betrachtete, das aussah, als hätten sie eine Fellboa auf dem Kopf, dann sagte ich mir, dass ich stolz auf mein Haar sein sollte, denn ich bin mir sicher, dass der Friseur drei Stunden gebraucht hat, um solch einen *Look* zu kreieren, während ich dafür nur aufzustehen und mein Haar nicht zu kämmen brauchte. Aber als ich mich im Spiegel betrachtete, stellte ich fest, dass ich aus irgendeinem Grund nicht wie ein *Haute-Couture*-Model aussah, sondern wie eine wilde Frau, die während eines heidnischen Rituals durch den Wald rannte.

Pacto com o diabo

A1

No primeiro dia de aula cheguei atrasada. Entrei na sala me curvando como um japonês na frente do chefe, repetindo *"I'm sorry, I'm sorry"*. Senhora Schwarz me lançou um olhar que poderia ter congelado lagos. Falou algo em alemão num tom que me fez encolher.

Eu me sentei extremante constrangida, querendo abrir um buraco no chão para me esconder nele.

Após esse primeiro dia, não ousei nunca mais chegar atrasada, o que deu um trabalho danado e me rendeu a reputação de exótica. Isso porque não raras vezes chegava com a calça não combinando com a blusa e até com sapatos diferentes em cada pé. É que, apesar de separar minha roupa no dia anterior, sempre mudava de ideia e como tinha exatos dez minutos para encontrar a roupa adequada — o que nunca acontecia — tinha como resultado uma blusa preta e branca de listras e uma saia estampada com flores verdes e vermelhas.

Meu cabelo era uma categoria à parte. Eu sempre o enchia de gel e cremes, decidida a usá-lo solto, afinal tinha cabelos tão bonitos, cacheados e cheios, porém o resultado sempre me desagradava. Quando via fotos de desfiles em Paris e observava as modelos na passarela com suas pernas compridas e aqueles cabelos cheios, como se usassem uma estola de pele na cabeça, dizia a mim mesma que deveria ter orgulho de minhas madeixas, afinal tenho certeza de que o cabeleireiro precisou de umas três horas para criar um *look* daquele, enquanto eu só precisava acordar e não pentear o cabelo. Porém, quando me olhava no espelho, constatava que, por algum motivo, não ficava com cara de modelo de alta costura e sim de mulher selvagem solta pela floresta durante um ritual pagão.

Ich fragte mich, ob ein kräftigeres Make-up, etwa ein Kilo grüner Lidschatten und ein schwarzer Lippenstift, helfen würde, aber als ich mit meinen Freundinnen aus dem Kurs darüber sprach, rieten sie mir davon ab.

In meiner Klasse gab es noch eine Brasilianerin – Rita. Sie war mit einem Deutschen verheiratet, und obwohl sie schon zehn Jahre lang in Deutschland lebte, hatte sie immer noch Schwierigkeiten mit der Sprache. Ihre Kinder waren in einem Alter, in dem sie Hilfe bei den Hausaufgaben brauchten, und sie wollte sich aktiv an ihrer Ausbildung beteiligen, weil sie Angst hatte, dass sie sonst nicht auf einem Gymnasium angenommen werden würden. Zuerst dachte ich, ihre Sorge sei unbegründet, schließlich seien ihre Kinder noch klein. Sie erklärte mir jedoch, dass sich das Schicksal der Kinder, Müllmann oder Präsident eines großen Unternehmens zu werden, schon vor dem achten Lebensjahr entscheidet.

Meine Klasse, die A1, war eine Mischung aus verschiedenen Kulturen, die jedem, der sich für dieses Thema interessiert, viel Stoff zur Recherche gegeben hätte. Rita und ich vertraten Brasilien. Puppe war Chinesin und ihr westlicher Name Jessie. Wir nannten sie jedoch nie Jessie, sondern Puppe, weil sie so hübsch war. Die Türkei wurde durch eine junge Frau vertreten, die Nihal hieß. Ihr Name wird genauso ausgesprochen wie das ›*nihao*‹, mit dem sich die Chinesen begrüßen. Puppe sprang immer von ihrem Stuhl auf, wenn jemand nach der Türkin rief. Es war, als hätte man jemanden an seiner Seite, der ständig ›Hallo‹ sagt. Der Inder Ghotam sprach kaum und lächelte die ganze Zeit mit seinen sehr weißen Zähnen. Es gab auch eine Amerikanerin – Mary, die ständig ›iq‹ statt ›ich‹ und ›spreqen‹ anstatt ›sprechen‹ sagte.

Rita und ich freundeten uns bald mit einer anderen Brasilianerin an, Manuela, die nicht in unserer Klasse, sondern in der B2 war. Die Klassen wurden in A bis C eingeordnet, entsprechend dem ›Gemeinsamen europäischen Referenzniveau für Sprachen‹.

A stellt die Einstiegsstufe dar. Rita und ich gehörten zu A1 und wir waren neidisch auf die Teilnehmer und Teilnehmerinnen von B an aufwärts.

Me perguntava se uma maquiagem mais carregada, tipo um quilo de sombra verde nos olhos e um batom negro, ajudariam, porém ao conversar sobre o assunto com minhas amigas de curso elas me convenceram a deixar a ideia de lado.

Havia outra brasileira na minha turma — Rita. Ela era casada com um alemão e, apesar de morar dez anos na Alemanha, ainda tinha dificuldades com o idioma. Os filhos dela estavam em uma idade que precisavam de ajuda com os deveres de casa e ela queria participar ativamente da educação deles, pois morria de medo de que não conseguissem uma vaga no ginásio. À princípio achei a preocupação dela infundada, afinal os filhos eram apenas crianças. Ela, porém, me explicou que o destino das crianças, de se tornarem lixeiro ou presidente de uma grande empresa, era decidida antes dos oito anos.

Minha turma de A1 era uma mistura de culturas que daria muito pano para manga a qualquer pessoa interessada no tema. Rita e eu representávamos o Brasil. Puppe — que em alemão significa boneca — era chinesa e seu nome ocidental Jessie. Nós, porém, nunca a chamávamos de Jessie e sim de boneca porque ela era muito bonita. A Turquia estava presente em uma jovem que se chamava Nihal. O nome dela se pronuncia igual ao *"nihao"* que os chineses usam para se cumprimentarem. Puppe costumava dar um pulo na cadeira quando alguém chamava pela turca. É como ter alguém do seu lado dizendo "olá" o tempo todo. O indiano Ghotam quase não falava muito e sorria o tempo todo com seus dentes muito brancos. Também havia uma americana — Mary, que pronunciava "ik" ao invés de *"ich"* e "spreken" no lugar de *"sprechen"*.

Rita e eu logos ficamos amiga de uma outra brasileira, Manuela, que não fazia parte da nossa turma e sim da B2. As turmas eram classificadas de A à C de acordo com o "Níveis europeus de referência para línguas".

Sendo A o estágio inicial. Assim Rita e eu fazíamos parte da A1 e morríamos de inveja do pessoal da turma de B para cima.

›Die Teilnehmerinnen der Stufe B1 können die Hauptpunkte verstehen, wenn klare Standardsprache verwendet wird und wenn es um vertraute Dinge aus Arbeit, Schule, Freizeit usw. geht. Sie können die meisten Situationen bewältigen, denen man auf Reisen im Sprachgebiet begegnet. Sie können sich einfach und zusammenhängend über vertraute Themen und persönliche Interessengebiete äußern. Sie können über Erfahrungen und Ereignisse berichten, Träume, Hoffnungen und Ziele beschreiben und zu Plänen und Ansichten kurze Begründungen oder Erklärungen geben.‹

Manuela, die B1 abgeschlossen hatte, war in der Lage all diese wunderbaren Dinge zu tun. Ich, die A1 angefangen hatte, konnte sogar bei der Aussprache meines eigenen Namens stottern, wie ich am ersten Unterrichtstag bewiesen hatte, als ich zu spät kam.

In der Pause sprachen wir Brasilianerinnen Portugiesisch. Ich weiß, ich weiß, ganz schlecht, aber es war so schwierig immer nach den richtigen Worten suchen zu müssen und immer zu überlegen, wie man einen Gedanken ausdrückt. Deutsch ist eine schwere Sprache und ich fühlte dies in meinen Schultern, in meinem Rücken: Mein Nacken war total verspannt. Man braucht ein bisschen Entspannung. Das kann doch nicht sein, dass man immer verspannt ist, oder? Jeden Tag, fünf Stunden Deutsch. Man darf doch in der Pause ein bisschen Portugiesisch sprechen, oder?

Ach, diese ersten Tage. Wie kann ich mich nicht liebevoll an sie erinnern? Die Nächte, in denen ich schweißgebadet aufwachte, da ich Angst hatte, dass der Wecker nicht klingeln würde und ich zu spät zum Unterricht erscheinen würde. Die Morgen, an denen ich das Haus verließ, wurden zur Tortur, mein Kopf schmerzte, weil ich meine Haare zu straff zusammengebunden hatte, mein Magen war leer, ohne einen Tropfen Kaffee oder ein Stück *Croissant*. Die ersten Unterrichtsstunden, in denen ich den eisigen Blick von Frau Schwarz vermied, als wäre sie die Medusa und hätte die Macht, mich in eine Statue aus Stein oder Salz oder etwas Ähnlichem zu verwandeln.

“Os alunos de nível B1 podem compreender os pontos principais quando se utiliza uma linguagem padrão clara e quando se trata de assuntos familiares do trabalho, escola, lazer, etc. Eles podem lidar com a maioria das situações encontradas na área de idiomas quando viajam. Podem se expressar de forma simples e coerente sobre temas familiares e áreas de interesse pessoal. Podem falar sobre experiências e eventos, descrever sonhos, esperanças e ambições e dar breves razões ou explicações para planos e opiniões”.

Manuela, que tinha completado B1, era capaz de fazer todas essas coisas maravilhosas. Eu, que tinha começado a A1, podia gaguejar até para pronunciar meu próprio nome, como provei no primeiro dia de aula ao chegar atrasada.

Durante o intervalo, nós, brasileiras, conversávamos em português. Eu sei, eu sei, muito mal, mas era tão difícil ter sempre que procurar por palavras e ter sempre que pensar como expressar um pensamento. O alemão é uma língua difícil e eu senti isto em meus ombros, em minhas costas: Meu pescoço estava totalmente tenso. É preciso relaxar um pouco. Não é possível que uma pessoa esteja sempre tensa, não é mesmo? Todos os dias, cinco horas de alemão. Uma pessoa está autorizada a falar um pouco de português no intervalo, não concorda?

Ah, aqueles primeiros dias. Como não me lembrar deles com carinho? Aquelas noites acordando banhada em suor com pavor de que o despertador não tocasse e que eu me atrasasse para a aula. As manhãs em que sair de casa se convertia em uma tortura, minha cabeça doía pela força com que prendia meu cabelo no rabo de cavalo, meu estômago vazio sem uma gota de café ou um pedaço de *croissant*. As primeiras horas da aula em que evitava o olhar de gelo de senhora Schwarz como se ela fosse uma medusa com o poder de me transformar em estátua de pedra ou de sal ou qualquer coisa do gênero.

Kleines Bier

In unserer ersten Unterrichtswoche verabredete sich eine Gruppe aus dem Kurs zum Mittagessen in einem Biergarten. Wir beschlossen, zu Fuß dorthin zu gehen, da er nicht weit vom Gebäude der Sprachschule entfernt lag und nicht jede mit dem Fahrrad unterwegs war. Rita und Manuela gingen voran.

Die Sonne schien und es war sehr heiß. Der Biergarten war voll und wir mussten warten, bis ein Tisch frei wurde. Die riesigen Eichen mit ihren dicken Stämmen und ihrem dichten Laub warfen Schatten auf einige der langen Holztische mit den dazugehörigen Bänken. Schließlich führte uns ein sehr groß gewachsener junger Deutscher mit hellem Haar und blauen Augen zu einem der Tische. Rita und Manuela hatten keine Lust, im Schatten zu sitzen. Rita sagte:

»Chris, lass dir die Chance nicht entgehen, dich zu sonnen.«

In Rio wird der Rat andersherum erteilt.

Manuela erklärte uns, dass wir an dem Tresen bestellen müssten und dort unsere Getränke bekommen würden. Die Kellner würden nur das Essen bringen. Manuela und ich gingen zur Warteschlange, die anderen überlegten noch, was sie wollten. Ich hatte meinen Satz auf Deutsch auswendig gelernt, um meine Bestellung aufzugeben, schließlich wollte ich Manuela beeindrucken, um ihr zu zeigen, dass ich bald auch in B1 sein würde, um über meine Träume, Hoffnungen und Ziele zu sprechen, wenn auch nur mit einem einfachen Wortschatz. Die Schlange bewegte sich vorwärts und ich sagte zu dem Mann hinter der Kasse:

»Hallo, guten Tag, wenn es möglich wäre, hätte ich gerne bitte ein kleines Bier.«

Der Mann antwortete, ohne die Augenbrauen zu heben:

»Gibds ned, dann wardsda bisda Dursch auf a Großes hosd.«

Ich hatte ein Jahr lang in Brasilien Deutsch gelernt, ich hatte geglaubt, dass ich keine Schwierigkeiten damit hätte, ein kleines Bier zu bestellen, auch ohne B1.

»Was hat er gesagt?«, fragte ich.

»Ein kleines Bier gibt es nicht, du solltest warten bis du Lust auf ein großes Bier hast.«

Cerveja pequena

Na nossa primeira semana de aula um grupo do curso combinou de almoçar no *Biergarten.* Decidirmos ir à pé, já que não era longe do prédio do curso de idiomas e nem todos estavam de bicicleta. Rita e Manuela caminharam na frente.

O sol brilhava e fazia bastante calor. O *Biergarten* estava cheio e precisamos aguardar até que uma mesa estivesse desocupada. Os enormes carvalhos de troncos grossos jogavam sombras em algumas das mesas compridas de madeira com seus respectivos bancos. Finalmente o jovem alemão muito alto, cabelos claros e olhos azuis nos levou até uma das mesas. Rita e Manuela não quiseram se sentar à sombra. Rita disse:

— Chris, não desperdice a chance de ficar no sol.

No Rio o conselho é dado ao contrário.

Manuela explicou que tínhamos que fazer os pedidos no balcão e receberíamos nossas bebidas lá. Os garçons só traziam a comida. Manuela e eu fomos para a fila, os outros ainda estavam ponderando sobre o que queriam. Eu havia decorado a minha frase em alemão para fazer meu pedido, afinal queria impressionar Manuela, para mostrar a ela que logo eu também estaria no B1, falando sobre meus sonhos, esperança e objetivos, nem que fosse usando um vocabulário simples. A fila avançou e eu disse em alemão ao homem atrás da caixa registradora:

— Olá, boa tarde, se for possível, gostaria de uma cerveja pequena, por favor.

O homem sem levantar as sobrancelhas respondeu algo incompreensível em alemão.

Eu havia passado um ano aprendendo alemão no Brasil e tinha acredito que não teria problemas para pedir uma cerveja pequena, mesmo sem B1.

— O que ele disse? — perguntei.

— Não existe cerveja pequena, você deve esperar até ter sede de uma cerveja grande.

»Hat er das wirklich gesagt?«

Manuela bestellte für uns beide und sie erklärte mir, dass der Herr hinter dem Tresen in fränkischem Dialekt gesprochen hatte.

»Aber mach dir keine Sorgen«, fügte sie hinzu. »Hier spricht man normalerweise Hochdeutsch.«

Als wir an den Tisch zurückkehrten, fragte ich:

»Hast du dich schon gut eingelebt?«

Manuela war schwarz, dreißig Jahre alt, groß und stolz auf ihr Afro-Haar.

»Es ist nicht einfach«, lautete ihre lakonische Antwort.

Sie erzählte mir, dass sie aus São Paulo stamme und vor einem Jahr nach Deutschland gezogen sei, weil sie einen Job in der IT-Branche in Deutschland gefunden hatte, aber noch kaum Deutschkenntnisse besaß. Aber sie war fest entschlossen, den Kurs zu beenden und die Prüfung für das Goethe-Zertifikat C2 abzulegen. Ich hatte gehört, dass sogar viele Deutsche diese Prüfung nicht bestehen würden, weil sie so schwierig ist. Ich bewunderte Manuelas Entschlossenheit. Sie arbeitete hart als Angestellte und fand dennoch nicht nur die Energie zu lernen, sondern auch, um die Beste in ihrer Klasse zu sein.

Rita teilte meine Meinung nicht, sie versuchte immer Manuela kleinzureden.

»Sie arbeitet zu viel, das ist nicht normal. Sie muss immer beweisen, dass sie in allem die Beste ist.«

Es war offensichtlich, dass Rita eifersüchtig war, denn, obwohl sie schon jahrelang in Deutschland lebte, war sie nicht imstande sich gut auszudrücken.

»Warum muss diese Sprache so schwierig sein?«, fragte sie und seufzte.

Ritas Traum war es, nicht mehr Hausfrau zu sein, sondern ›berufungstätig‹. Gemeint war ›berufstätig‹, aber Rita würde dieses Wort wohl erst richtig nach Abschluss der Klasse C2 aussprechen können.

— Ele realmente disse isso?

Manuela fez os pedidos para nós duas e me explicou que o cavalheiro atrás do balcão havia falado no dialeto da Francônia.

— Mas não se preocupe — ela acrescentou — As pessoas costumam falar alemão oficial aqui.

Quando voltamos para a mesa, perguntei:

— Você já se adaptou?

Manuela era negra, trinta anos de idade, alta e orgulhosa de seu cabelo afro.

— Não é fácil — foi sua resposta sucinta.

Ela contou que era de São Paulo, havia se mudado para Alemanha um ano atrás, pois havia conseguido um trabalho na Alemanha na área de TI, mas possuía poucos conhecimentos de alemão. Mas ela estava empenhada em concluir o curso e fazer a prova de C2 do Instituto Goethe. Havia ouvido que até muitos alemães não conseguiriam passar nessa prova, de tão difícil. Eu admirava a dedicação de Manuela. Ela trabalhava arduamente como funcionária e ainda encontrava energia para estudar e ser a melhor de sua turma.

Rita não compartilhava minha opinião, ela estava sempre procurando por defeitos em Manuela.

— Ela trabalha demais, isso não é normal. Ela tem necessidade de provar que é a melhor em tudo.

Era óbvio que Rita estava com ciúme, pois apesar de morar há anos na Alemanha, não conseguia se expressar muito bem.

— Por que esse idioma precisa ser tão difícil? — ela perguntou suspirando.

O sonho de Rita era deixar de ser *Hausfrau* – dona de casa e se tornar – *Berufungstätig*. A palavra certa era *Berufstätig* – aquele ou aquele que exerce uma profissão, – mas provavelmente Rita só conseguiria pronunciar essa palavra de modo correto quando tivesse concluído a turma de C2.

Ich versuchte, die Stimmung aufzulockern, indem ich sagte, sie sei zu sehr mit der Erziehung ihrer Kinder beschäftigt. Ich wusste, dass dies keine angemessene Bemerkung war, vor allem, wenn sie von einer Frau stammt. Ich sollte Rita ermutigen, unabhängig zu werden, aber die Sprache war wirklich ein Problem und ich wollte nicht, dass Rita sich selbst zu sehr unter Druck setzte. Sie hatte mir mehrere Geschichten erzählt, wie sie sich in peinliche Situationen gebracht hatte. Zum Beispiel, als sie die Familie ihres Mannes kennenlernte.

Er und seine Brüder machten sich einen Spaß daraus, sich gegenseitig ›Specht‹ zu nennen. Rita wandte sich an ihren zukünftigen Schwager und redetet ihn mit ›Speck‹ an. Die ganze Familie brach in Gelächter aus, mit Ausnahme ihres zukünftigen Schwagers. In diesem Moment wurde Rita klar, dass sie ihn ›Speck‹ genannt hatte.

»Wenn ich einen Job kriege«, sagte Rita, »dann nur als Teilzeitkraft und ich werde arbeiten, wenn die Kinder in der Schule sind...«

Ich beschloss, Rita von da an zu unterstützen. Ich fühlte mit ihr, letztendlich hatte ich auch meine Schwierigkeiten.

Es war mein erster Sommer in Deutschland. Meine brasilianischen Freundinnen und ich gingen ins Freibad. Wir aßen Eis und tranken Bier. Wir sahen die Leute an. Es war so komisch, diese Leute im Wasser oder auf der Wiese zu beobachten. Sie waren einfach anders als wir.

Eu tentava amenizar a situação, dizendo que ela estava muito ocupada com a criação dos seus filhos. O que eu sabia ser um comentário inadequado, principalmente vindo de uma mulher. Devia estar incentivando Rita a se tornar independente, mas o idioma era realmente um problema e não queria que Rita se sentisse pressionada. Ela havia me contado várias histórias de como havia se metido em situações constrangedoras. Como, por exemplo, quando havia ido conhecer pela primeira vez a família do seu marido. Ele e os irmãos brincavam de chamar um ao outro de *"Specht"* – pica-pau. Rita se virou para seu futuro cunhado e o chamou de *"Speck"*. A família toda caiu na gargalhada com exceção do seu futuro cunhado. Foi então que Rita se deu conta de que o havia chamado de "toucinho".

— Se arrumar um emprego — Rita disse — Será meio expediente e vou trabalhar no horário que as crianças estiverem na escola.

Decidi apoiar Rita a partir de então. Eu a entendia, afinal eu também tinha minhas dificuldades.

Era meu primeiro verão na Alemanha. Minhas amigas brasileiras e eu íamos à piscina pública. Tomávamos sorvetes e bebíamos cerveja. Nós mirávamos as pessoas. Era estranho observar essas pessoas na água, ou na grama. Eram simplesmente diferentes de nós.

Und Sachertorte?

Meine Deutschlehrerin war sehr streng. Sie richtete ihr Augenmerk auf die Genauigkeit der deutschen Sprache, aber sie wusste doch nicht alles, wie ich später erfuhr. Manchmal hörte sie uns Deutsch miteinander sprechen, sie blieb ganz locker, auch wenn sie so tat, als ob sie mit uns plaudern wollte. Wenn wir einen Fehler machten, wandte sie sich ab, damit wir uns sicher fühlten und das Gespräch fortsetzten. Wir fühlten uns dadurch sicherer und sprachen weiter und dann ... zap.

Einmal redeten die anderen übers Kochen. Ich nicht. Ich kann überhaupt nicht kochen. Ich hasse es. Aber die anderen unterhielten sich darüber und Puppe sagte, sie habe etwas frittiert.

»Frittiert? Beim Frittieren muss das ganze Essen ins Öl eingetaucht werden«, sagte die Lehrerin.

Und Frau Schwarz erklärte uns die Prozeduren im Detail, sogar mit Zeichnungen. Frittieren, marinieren, anbraten, grillen, ... nicht einmal auf Portugiesisch konnte ich so viele Kochprozeduren nennen. Und dann sagte sie: »Kuchen wird gebacken, Torte nicht.«

Warten Sie mal ... übers Kochen kann ich nicht sprechen, aber über Kuchen. Nicht dass ich backe, aber ich esse gerne und manchmal unterstütze ich Nildo moralisch, während er bäckt, Nildo ist ein Hobbykoch.

»Und Sachertorte? Die wird doch gebacken«, fragte ich.

Da Nildo in Wien geboren ist und dort auch einige Jahre lebte, kennt er sich gut mit der österreichischen Küche aus und deshalb weiß ich, wie man eine Sachertorte zubereitet. Frau Schwarz wusste anscheinend nicht, wie man eine Sachertorte macht und gab mir keine Antwort. Für sie wird Kuchen gebacken, Torte aber nicht.

E torta Sacher?

Minha professora de alemão era muito rigorosa. Ela se concentrava na precisão do idioma alemão, mas afinal ela não sabia tudo, como eu aprendi mais tarde. Às vezes ela nos ouvia falando alemão uma com a outra e permanecia bem tranquila, até quando fingia que queria entrar na conversa. Quando cometíamos um erro, ela olhava para o outro lado, para que nos sentíssemos seguras e continuássemos a conversa. Isso nos fazia nos sentirmos mais seguras e continuávamos a conversar e então... zap.

Um dia, os outros conversavam sobre cozinhar. Eu não. Não sei cozinhar nada. Odeio cozinhar. Mas os outros estavam falando sobre isso e Puppe disse que ela tinha fritado algo.

— Fritado? Quando você frita, você tem que mergulhar o alimento inteiro no óleo — disse a professora.

E a senhora Schwarz explicou os procedimentos em detalhes, até mesmo com desenhos. Fritar, marinar, refogar, grelhar, ... nem mesmo em português eu poderia citar tantos procedimentos de cozimento. E então ela disse: — Bolo é assado, torta não é.

Espere um pouco ... Não posso falar sobre cozinhar, mas posso falar de bolo. Não que eu asse, mas gosto de comer e às vezes dou apoio moral a Nildo enquanto ele assa, Nildo é um cozinheiro amador.

— E torta *Sacher*? Ela é assada, não é? — perguntei.

Já que Nildo nasceu em Viena e viveu lá por alguns anos, ele sabe bastante sobre a cozinha austríaca, então sei como se faz uma torta Sacher. A senhora Schwarz aparentemente não sabia como se faz uma *Sachertorte* e não me respondeu. Para ela, bolo é assado, torta não.

Ein anderes Mal sprach sie über das Grüßen. Beim Mittagessen sagt man guten Appetit.

»Und Mahlzeit?«, fragte ich.

»Korrekt ist es, sich guten Appetit zu wünschen.«

»Aber in Österreich...«

Sie unterbrach mich. Sie war irritiert von meinem »Aber in Österreich...«

»Auf Deutsch sagt man beim Essen guten Appetit«, wiederholte sie.

Meine Schwiegermutter lebt seit ihrer Kindheit in Wien. Nildo und ich waren daher an Wochenenden oft dort. Nildo sagt beim Essen immer ›Mahlzeit‹. Ich teilte das meiner Lehrerin nicht mit.

Em outra ocasião, ela falou de saudações. Ao almoço você diz *guten Appetit* - bom apetite.

— E *Mahlzeit*? — perguntei. Que é a maneira que muitas pessoas se saúdam na hora do almoço.

— A maneira correta é desejar bom apetite.

— Mas na Áustria...

Ela me interrompeu. Ela estava irritada com o meu "Mas na Áustria..."

— Em alemão, diz-se *guten appetit* às refeições — repetiu ela.

Minha sogra vive em Viena desde criança. Nildo e eu, portanto, viajávamos com frequência para lá nos fins de semana. Nildo sempre diz *"Mahlzeit"* antes de comermos. Eu não disse isso para minha professora.

Goethe

Es ist sicher kein Zufall, dass die wichtigste Figur der deutschen Literatur Goethe heißt. In seinem bekanntesten Buch erzählt er die Geschichte eines deprimierten Mannes namens Faust, der einen Pakt mit dem Teufel schließt. Nun, ich denke, die Geschichte war inspiriert aus seiner eigenen Erfahrung. Man muss einen Pakt mit dem Teufel schließen, um die deutsche Sprache zu beherrschen. Ich meine es ernst. Die deutsche Sprache gehört zu den zehn schwierigsten Sprachen der Welt. Wenn es eine Möglichkeit gibt, es leichter zu machen, machen es die Deutschen schwerer.

Zum Beispiel muss das Verb immer an der zweiten Stelle im Satz stehen, wie hier: Ich aß – Auf Portugiesisch ist es ebenso: *Eu comi*. Wenn man auf Portugiesisch ein Adverb der Zeit hinzufügen möchte und dies an die erste Stelle setzt, reiht man den Rest des Satzes einfach nach. Anders als auf Deutsch ist es nicht zwingend, das Verb an die zweite Stelle zu setzen. Man sagt also: *Ontem eu comi pizza*. Wortwörtlich übersetzt heißt es dann: Gestern ich aß Pizza. Das Verb steht in diesem Beispiel an der dritten Stelle im Satz, was kein grammatikalisches Problem darstellt.

Stellen Sie sich vor, der Brasilianer konzentriert sich während eines Gesprächs darauf, das Verb an die zweite Stelle zu setzen. Wenn das alles wäre, wäre es in Ordnung, aber man muss das Verb auch konjugieren und bereut, dass man die Tabelle mit den unregelmäßigen Verben nicht auswendig gelernt hat – ist die Vergangenheitsform von klingen, klingelte oder klang? – und dann ist da noch die Deklination der Artikel – der, die oder das? – und von Adjektiven und je nach Fall – Nominativ, Akkusativ, Dativ oder Genitiv – ändert sich alles. Und bei zwei Verben – hat gegessen – rückt das Hilfsverb – haben oder sein, je nachdem, ob es sich um ein Bewegungsverb handelt oder nicht – an die zweite Stelle und das Hauptverb ans Ende des Satzes: Gestern habe ich eine leckere Pizza Marguerite gegessen.

Goethe

Com certeza não é por acaso que a figura mais importante das Letras Alemães se chama Goethe. No seu livro mais conhecido ele conta a história de um sujeito descrente chamado Fausto que faz um pacto com o diabo. Pois eu acho que a história foi inspirada em experiência própria. Só fazendo pacto com o diabo para dominar o idioma alemão. Sério. A língua alemã está entre as dez mais difíceis do mundo. Se há a possibilidade de facilitar, os alemães dificultam.

Por exemplo, o verbo deve estar sempre na segunda posição na frase, como aqui: *Ich aß* – em português é a mesma coisa: Eu comi. Em português, se você quer acrescentar um advérbio de tempo e o coloca na primeira posição, você simplesmente diz o restante da frase. Ao contrário do alemão, não é obrigatório colocar o verbo em segundo lugar. Assim se diz: Ontem eu comi pizza. O verbo nesse exemplo está na terceira posição na frase e não há nenhum problema gramatical com isso.

Imagine o brasileiro durante uma conversa concentrando-se em colocar o verbo na segunda posição na frase. Se fosse só isso, tudo bem, mas tem também que conjugar o verbo e você se arrepende por não ter decorado aquela tabela com os verbos irregulares – o passado de *klingen* é *klingelte* ou *klang*? – e além disso tem a declinação dos artigos – *der, die* ou *das*? – e dos adjetivos e dependendo do caso – se é nominativo, acusativo, dativo ou genitivo – muda tudo. E se tiverem dois verbos – tinha comido – o auxiliar – será ter ou ser dependendo se o verbo for de movimento ou não – irá para a segunda posição e o verbo principal para o final da frase: *Ontem tinha eu uma deliciosa pizza marguerita comido.*

Das Ergebnis ist, dass der Brasilianer während des Gesprächs mit diesem albernen Gesicht und weit aufgerissenen Augen versucht, den Satz in seinem Kopf zu ordnen und sich an die grammatikalischen Regeln zu erinnern, während der Deutsche bereits das Thema gewechselt hat und sich insgeheim fragt, ob der Brasilianer wegen seines ratlosen Gesichts zurückgeblieben sein könnte.

Ich möchte wissen, wo ich Mephisto finde, um meine Seele zu verkaufen.

Vielleicht kann ich dann endlich fließend Deutsch sprechen.

Nach dem Unterricht ging ich nach Hause und sah fern, ohne irgendetwas zu verstehen. Als gerade Werbung gesendet wurde, ging ich in den Waschraum, um Wäsche zu waschen. Ok, Sie dürfen ruhig fragen, warum ich dies während der Werbung tat, wenn ich doch die ganze Sendung nicht verstanden hatte? Ganz einfach: aus reiner Gewohnheit.

Im Waschraum traf ich eine meiner Nachbarinnen. Nicht die, die das Fernsehprogramm so laut hört, dass alle etwas davon haben, sondern eine andere. Sie war eine alte Dame mit Haaren wie weiße Zuckerwatte. Sie hatte eine Art und Weise mich anzuschauen, zart und warm. Ich sagte nur »Hallo«, sie lächelte. Ich ging schnell in unsere Wohnung zurück, ihr Lächeln begleitete mich. Die Freundlichkeit der Frau war eine kleine Überraschung. Ich hatte viel darüber gehört, wie verschlossen die Deutschen waren.

Zurück in der Wohnung vergaß ich meine Nachbarin. Es wirbelte jetzt etwas ganz anderes durch meinen Kopf: Warum verwandeln sich Hose, Rock, Hemd ganz plötzlich in ›Wäsche‹, wenn sie schmutzig sind oder sich im Bereich des Waschraumes befinden? Das war für mich ein Rätsel. Ich verstand es ebenso wenig wie die Tatsache, dass Kuchen gebacken wird und Torte nicht...

Nildo schlug vor, dass ich öfter aus dem Haus gehen solle. Ich sollte die Sprache üben. Da meine Haare nach drei Monaten, die ich nun schon in Deutschland war, lang geworden waren, beschloss ich zum Frisör zu gehen.

Resultado: durante a conversa o brasileiro está com aquela cara de pateta, os olhos arregalados, arranjando a frase na sua cabeça, recordando as regras gramaticais e o alemão já mudou de assunto e secretamente se pergunta se o brasileiro é meio retardado, por conta da cara de sem noção.

Quero saber onde encontrar Mefisto para vender minha alma.

Talvez assim consiga finalmente falar alemão fluente.

Após a aula, ia para casa e assistia TV sem entender nada. Quando passava o comercial, fui para a lavanderia para lavar roupa. Então tá, você pode perguntar, por que eu fazia isso durante os comerciais quando eu não entendia o programa? Simples: força de hábito.

Na lavanderia, encontrei uma das minhas vizinhas. Não aquela que ouve o programa de TV tão alto que todos ouvem também, mas outra. Ela era uma senhora idosa com cabelos brancos e como algodão-doce. Olhava para mim de uma maneira terna e calorosa. Eu disse apenas olá, ela sorriu. Caminhei rapidamente de volta ao nosso apartamento, o sorriso dela me acompanhando. A gentileza da mulher foi uma pequena surpresa. Eu tinha ouvido falar muito sobre como os alemães eram fechados.

De volta ao apartamento, esqueci-me da minha vizinha. Algo completamente diferente passava pela minha cabeça: por que calças, saias, camisas de repente se transformam em *"Wäsche"* - roupas a serem lavadas - quando estão sujas ou na área da lavanderia? Isto é um mistério para mim. Eu não entendia mais do que o fato de que bolo é assado e torta não é....

Nildo sugeriu que eu saísse de casa mais vezes. Eu deveria praticar o idioma. Como meus cabelos tinham crescido após três meses na Alemanha, decidi ir ao cabeleireiro.

Lockiges Haar

Mein Haar und ich haben eine besondere Beziehung. Mein lockiges und sehr feines Haar muss gepflegt werden, sonst hält man mich für eine Verrückte, die frisch aus dem Irrenhaus ausgebrochen ist. Wenn ich morgens aufwache und meine Haare noch nicht gekämmt habe, werde ich für einen Höhlenmenschen gehalten. Es würde mich nicht wundern, wenn jemand einen Knochen in meine Richtung werfen würde und schreiend davonlaufen würde. Wenn ich Leute nicht erschrecken will, wasche ich mir am besten die Haare, bevor ich das Haus verlasse, kämme sie und trage Haarprodukte auf, um meine Locken zu ›aktivieren‹. Dann folgt der letzte Schliff, der nichts anderes ist, als die Locken einzeln mit dem Zeigefinger zu formen und dann die Strähnen mit den Handflächen zu kneten und sie natürlich trocknen zu lassen oder einen Haartrockner mit Diffusor zu benutzen — Das heißt, um vier Uhr morgens aufzustehen und vielleicht um acht fertig zu sein. *YouTube* bietet sehr viele Anleitungen für ähnlich lockiges, wildes Haar und die Ergebnisse sehen schön aus, aber es ist nichts für mich. Ich schlafe lieber ein paar Stunden länger, als mich in der Früh stundenlang um mein Haar zu kümmern. Das Schlimmste ist, dass die Locken nach einer Nacht ihre Form verlieren. Es sei denn, ich gehe mit einem dieser Hüte schlafen, die Bienenzüchter tragen. Oder mit einem Helm der amerikanischen Footballspieler.

Ein weiterer wichtiger Faktor für die Schönheit von Locken ist der Haarschnitt. Rita und Manuela erzählten mir von einer brasilianischen Friseurin, aber sie hatte einen vollen Terminkalender und ich hätte Monate warten müssen. Also beschloss ich, einen deutschen Salon aufzusuchen.

Die deutsche Friseurin empfing mich, ohne mir drei Küsschen auf die Wange zu geben; — in Brasilien gehört das zum Service — sie bat mich, Platz zu nehmen; und fragte mich, welche Wünsche ich hätte. Wie Edward mit den Scherenhänden — wenn Sie wissen, wer das ist, haben Sie wahrscheinlich kein Profil auf *TikTok* — hat sie ihre Magie eingesetzt und ich war mit dem Ergebnis zufrieden. Aber dann habe ich den Fehler gemacht und gesagt, dass ich meine Haare nicht glätten, sondern meine Locken behalten wolle.

Cabelo cacheado

Minhas madeixas e eu temos uma relação especial. Meu cabelo cacheado e muito fino requer cuidados, do contrário me confundem como uma louca recentemente fugida de um manicômio. Quando acordo de manhã e ainda não penteei meu cabelo, me confundem com uma mulher das cavernas. Não me surpreenderia se alguém jogasse um osso na minha direção e corresse para bem longe, gritando. Se eu não estiver disposta a assustar as pessoas, o melhor é lavar meu cabelo, antes de sair de casa, penteá-lo e passar nele produtos próprios como o "ativador" de cachos. Então sucede a finalização, que nada mais é do que formar os cachos um a um com o dedo indicador e então amassar os fios cos as palmas da mão e deixá-los secar ao natural ou usar um secador com difusor – Ou seja, acordar às quatro da manhã e talvez às oito esteja pronta. O *Youtube* está cheio de tutoriais para cabelos igualmente encaracolados e rebeldes e os resultados são belíssimos, mas não é para mim. Prefiro dormir algumas horas a mais, do que passar a manhã cuidando do meu cabelo. O pior de tudo é saber que os cachos perdem sua forma após uma noite de sono. A não ser que eu vá dormir com um daqueles chapéus usados por criadores de abelha. Ou um capacete dos jogadores de futebol americano.

Outro fator importante para a beleza das cacheadas é o corte do cabelo. Rita e Manuela me contaram sobre uma cabeleireira brasileira, mas ela estava com a agenda cheia e eu teria que esperar meses. Então decidi ir em um salão alemão.

A cabeleireira alemã me recebeu sem dar três beijinhos no rosto; – no Brasil está incluído no serviço – pediu para que eu me sentasse e perguntou que corte eu queria. Como Eduardo Mãos de Tesoura – se você sabe de quem se trata, provavelmente não tem um perfil no *TikTok* – ela fez sua mágica e fiquei satisfeita. Mas então cometi o erro de dizer que não queria fazer escova e sim manter meus cachos.

Die Friseurin nickte und griff nach einem riesigen Föhn – ohne Diffusor. Ich schwöre, er war so groß wie ein Kleinwagen – ich übertreibe nicht. In diesem Moment hätte ich vom Stuhl aufstehen und sagen sollen: »Tut mir leid, Schatz, aber der Föhn kommt nicht an meine Locken.«

Stattdessen schwieg ich.

Das ist leider etwas, was wir Brasilianer oft tun – wir schweigen. Von einigen Ausnahmen abgesehen wollen die meisten von uns *die Gefühle anderer nicht verletzen*. Wenn in Brasilien jemand fragt, ob wir beim Umzug helfen können, erfinden wir eine Ausrede.

»Gerade an diesem Tag habe ich einen Termin. Schade!«

Der Deutsche sagt, ohne mit der Wimper zu zucken: »Ich habe Rücken, ich kann keine schweren Sachen tragen.«

Im Salon schloss ich die Augen und sagte mir, dass diese deutsche Friseurin wissen würde, was sie tut, und dass ich, wenn ich die Augen öffnete, hübsch sein würde und bereit für einen Laufsteg in Mailand. Aber tief im Inneren wusste ich, dass die Kombination aus dem Monsterföhn und meinem Haar kein *Happy-End* haben würde. Die heiße Luft umhüllte meinen Kopf und viele Dinge gingen mir durch den Sinn: Wie werde ich den Salon verlassen? Werden die Leute es komisch finden, wenn ich mein T-Shirt hochziehe, um meinen Kopf zu verstecken? Ich hoffe, ich begegne keinen Bekannten auf der Straße.

Ich öffnete meine Augen und *voilà*. Wenn ein Modekritiker meinen Look beurteilen würde, würde er etwas schreiben wie: Zwanzig Vogelnester, die nach einem Sturm einen sicheren Hafen im Kopf dieser jungen Frau gefunden haben. Die Friseurin versuchte, das Ergebnis zu verbessern, indem sie mit ihren Fingern durch meine Strähnen fuhr. Ich weiß, dass es ihr peinlich war – als ob sie einen *Gremlin* nass gemacht hätte. Mir war das auch peinlich, wahrscheinlich noch mehr als ihr. Ich dachte sogar daran, mich zu entschuldigen: »Tut mir leid, ich bin nicht von hier.«

Ich verließ den Salon und ging die Straße hinunter, wobei ich es vermied, die Leute anzusehen, und ich weiß bis heute nicht, warum niemand einen Knochen nach mir warf und schreiend davonlief.

Diese erste Phase war schwierig. Alltägliche Dinge wurden zu Herausforderungen, vor allem, weil ich viele Dinge nicht verstand. Oder es waren die Deutschen, die mich nicht verstanden haben.

A cabeleireira assentiu e pegou um enorme secador – sem difusor. Te juro o secador era do tamanho de um carro pequeno – não estou exagerando. Naquele momento eu deveria ter me levantado da cadeira e dito: — Me desculpe, querida, mas esse secador não chega perto dos meus cachos.

Ao invés disso, fiquei calada.

Isso é infelizmente, algo que nós brasileiros fazemos muito – ficamos calados. Com algumas exceções a maioria de nós não quer *ferir os sentimentos dos outros*. No Brasil se alguém pergunta se podemos ajudar na mudança, inventamos uma desculpa.

— Justamente nesse dia tenho um compromisso. Que pena!

O alemão diz na lata: tenho dor na coluna, não posso carregar peso.

No salão fechei meus olhos e disse para mim mesma que aquela cabeleireira alemã sabia o que estava fazendo e que quando eu abrisse meus olhos estaria pronta para uma passarela em Milão. Mas bem no fundo sabia que a combinação secador monstro e meu cabelo não resultaria em final feliz. O ar quente envolvia minha cabeça e pela minha mente passava muitas coisas: Como vou sair do salão? Será que vão achar muito estranho se puxar a minha camisa para cima e esconder minha cabeça? Tomara que não tenha nenhum conhecido na rua.

Abri meus olhos e *voilà*. Se um crítico de moda fosse avaliar meu visual escreveria algo como: Vinte ninhos de pássaros que após um vendaval encontraram um porto seguro na cabeça dessa jovem. A cabeleireira tentou melhorar o resultado, enfiando os dedos nas minhas madeixas. Sei que ela estava constrangida – como se tivesse molhado um *Gremlin*. Eu também estava constrangida, provavelmente mais do que ela. Até pensei em me desculpar: — Me desculpe, não sou daqui.

Saí do salão e caminhei pela rua, evitando olhar para as pessoas e até hoje não sei como ninguém jogou um osso na minha direção.

Essa primeira fase foi difícil. Coisas ordinárias se transformavam em desafios, principalmente porque não compreendia muitas coisas. Ou eram os alemães que não me compreendiam.

Suppengemüse

Hier in Deutschland habe ich festgestellt, dass ich nicht weiß, wie man einkauft. Ich ging mit der von Nildo vorbereiteten Einkaufsliste in den Supermarkt. Als ich durch die Gänge ging, runzelte ich die Stirn, als ich Suppengemüse las. Wie naiv von mir, ich dachte immer, dass man das Gemüse auswählt, das man gerne in die Suppe tut – vielleicht etwas Saisonales oder etwas, das sich bereits im Angebot befindet. Damals in Brasilien war das immer so. In Deutschland wird Suppengemüse bereits verpackt angeboten: Möhren, Sellerie, Kohlrüben, Lauch und Petersilie.

Aber meine größte Schwierigkeit sind die Kartoffeln. Es gibt verschiedene Arten von Kartoffeln: festkochend, mehlig, vorwiegend festkochend und wilde Kartoffeln sowie Variationen derselben Sorten. Die Kartoffel für das Püree ist nicht geeignet, um Eintopf zu kochen oder Salat zuzubereiten.

Es ist schon vorgekommen, dass ich zu Hause Nildo gebeten habe:

»Mach doch Kartoffelpüree.«

Er antwortete mir: »Kartoffeln sind alle.«

»Was meinst du? Schau mal, da ist doch ein Kilo.«

»Aber es sind keine Kartoffeln für Püree.«

Die Deutschen haben diese Eigenschaft, sehr spezifisch zu sein.

Wenn ich in Brasilien nach einem Löffel frage, bekomme ich einen Löffel. In Deutschland bekomme ich einen Fragebogen.

Welche Art von Löffel? Einen Suppenlöffel, einen Teelöffel? Und wehe, ich benutze den Suppenlöffel, um Joghurt zu essen. Eines Tages schlug ich Nildo vor, einen mittelgroßen Löffel zu kaufen, und nachdem ich das Formular mit neunzig Fragen ausgefüllt hatte, fand ich heraus, dass es sich um einen Müslilöffel handelte. Ich musste einen zwanzigseitigen Vertrag aufsetzen, damit Nildo zustimmte, dass ich den Müslilöffel zum Eisessen benutzen darf. Anscheinend hat keiner die Idee gehabt, einen Eislöffel zu patentieren. Oder vielleicht gibt es den schon und Nildo und ich haben einfach keine Ahnung.

Legumes para sopa

Aqui na Alemanha descobri que não sei como fazer compras. Fui no supermercado com a lista de compras preparada pelo Nildo. Andando pelos corredores, franzi o cenho ao ler *Suppengemüse* – legumes para a sopa. Que ingenuidade a minha, sempre achei que a pessoa escolhesse os legumes que quisesse para colocar na sopa – talvez os da estação ou os que estivessem na promoção. Lá no Brasil, sempre foi assim. Na Alemanha o *Suppengemüse* já vem embaladinho – cenoura, salsão de raiz, rutabaga, salsa de raiz, alho-poró e salsinha.

Mas minha grande dificuldade é com as batatas. Há vários tipos de batatas – de consistência firme, macia, juvenil e variações desses mesmos temas. A batata do purê não é a mesma do ensopado, nem a da salada.

Já aconteceu de lá em casa eu pedir ao Nildo:

— Faz um purê.

Ele me respondeu: — Não tem batata.

— Como não? Olha ali, um quilo.

— Mas não é batata para purê.

Os alemães têm isso de tudo ser muito específico.

No Brasil se peço uma colher, recebo uma colher. Na Alemanha, recebo um questionário.

Que tipo de colher? Colher de sopa, colher de chá? E ai de mim se usar a colher de sopa para comer iogurte. Um dia sugeri ao Nildo comprar uma colher média e, após preencher o formulário com noventa perguntas, descobri que o que eu queria era uma colher de *muesli* – cereal matinal à base de flocos de aveia, frutas e frutos secos. Precisei rascunhar um contrato de vinte páginas para que o Nildo consentisse que eu usasse a colher de *muesli* para comer sorvete. Aparentemente, ninguém teve a ideia de patentear uma colher de sorvete. Ou talvez já exista e eu e Nildo não temos a menor ideia.

Bei dieser Besonderheit geht es nicht nur um Gebrauchsgegenstände und Lebensmittel. Was tun Sie in Brasilien, wenn Sie eines Tages aufwachen und beschließen, laufen zu gehen? Sie ziehen ein paar abgetragene Klamotten an, schnüren ihre Laufschuhe und laufen los. In Deutschland geht man in ein Fachgeschäft und kauft sich die richtige Kleidung. Das Funktionsshirt tragen Sie zum Laufen – nicht zum Basketball spielen oder Walken. Beim Radfahren ist das Hemd eines mit Gummizug und die Shorts sind mit Polsterung für das Gesäß. Die Walkingschuhe sind nicht die Wanderschuhe. In den Fachgeschäften in Europa erklärt das Personal die Funktion der einzelnen Produkte und empfiehlt die passenden Socken zum Kauf dazu.

Ich schäme mich zu gestehen, dass ich in Brasilien beim Wandern oft Flipflops getragen habe. Auf der *Ilha Grande* — Große Insel — ging ich in Bikini und Flipflops durch den Atlantischen Regenwald. Stellen Sie sich vor, ich treffe auf einen Deutschen mit seinen Spezialstiefeln und-socken, seiner schnelltrocknenden Hose mit mehreren Taschen, seinem Multifunktionshemd, das sogar Insekten abwehrt und die Körpertemperatur konstant hält, seinem Rucksack mit einem Erste-Hilfe-Kasten, Tabletten zum Entkeimen von Wasser, seinem Zelt und vielleicht seinem Schlauchboot. Die Begegnung wäre wie in der Zeit der Invasion, als der verkleidete Europäer dem nackten Eingeborenen gegenüberstand. Nach der seltsamen Begegnung würde jeder seines Weges gehen. Ich würde auf jeden Fall in die nahe gelegene Strandbar laufen, um ein Bier zu trinken und mich auf die zweite Etappe meiner Wanderung vorzubereiten.

Ich habe versucht, diesen kleinen Hindernissen keine große Bedeutung beizumessen. Aber die Wahrheit ist, dass sie mich ermüdet haben. Ich fühlte mich die meiste Zeit über erschöpft.

Essa coisa de ser específico não se resume à utensílios e comida. No Brasil o que você faz se acorda um dia e decide correr? Você coloca uma roupa surrada, calça o tênis e vai correr. Na Alemanha você vai até a loja especializada e compra o vestuário adequado. Aquela camisa com funções que vai usar para correr – não para jogar basquete ou caminhar. Se vai andar de bicicleta a camisa é outra com elástico e os shorts com acolchoado para o bumbum. O tênis de caminhar não é o de fazer trilha. Nas lojas especializadas na Europa os funcionários explicam a função de cada um deles e sugerem as meias adequadas para comprar junto.

Até fico com vergonha de confessar que muitas vezes no Brasil eu calcei chinelos para fazer trilhas. Lá na Ilha Grande, me embrenhando no meio da Mata Atlântica de biquíni e chinelos. Imagine meu encontro com um alemão com suas botas especiais e as meias específicas, a calça seca-rápido com vários bolsos, a camisa multifuncional que até repele insetos e mantém a temperatura do corpo constante, a mochila com kit primeiro-socorros, pastilha para esterilizar água, barraca e quiçá bote inflável. O encontro seria como no tempo da invasão do europeu todo paramentado frente ao nativo nu. Após o estranho encontro cada um iria seguir seu caminho. Eu, com certeza, para o próximo bar na praia para beber uma cerveja e me preparar para a segunda etapa da minha caminhada.

Tentava não dar muita importância a esses pequenos obstáculos. Mas a verdade é que eles me cansavam. Me sentia exausta a maior parte do tempo.

Telenovela

Eines Tages traf ich meine nette Nachbarin wieder im Waschraum. Diesmal fragte sie, wie es mir ging. Ich wollte von meinen anfänglichen Schwierigkeiten erzählen, aber auf Deutsch zu sprechen war immer noch eine Herausforderung, wenn ich nicht gerade meine Sätze im Voraus auswendig gelernt hatte.

»Es geht mir sehr gut, danke und Ihnen?«, antwortete ich und fragte mit der richtigen Intonation.

Aus dem Nichts heraus, zwischen Waschpulver und Wäscheklammern, machte sie mir ein Kompliment. Sie sagte, man könne in meinen Augen sehen, dass ich ein besonderer Mensch sei. Ich verstummte und ohne ein Wort zu sagen nahm ich meinen Korb mit der Wäsche und kehrte schnell in die Wohnung zurück. Ich wollte nicht unhöflich sein, aber ich konnte einfach nichts sagen. Die Worte hatten ihre Bedeutung verloren und waren mit der Stimme dieser alten Dame, mit dem Haar aus Zuckerwatte verschmolzen. In der Wohnung ließ ich den Korb auf den Boden fallen und Tränen flossen aus meinen Augen. Ganz tief in meinem Herzen ein solcher Schmerz. Meine Mutter war weit weg von hier, meine Mutter würde Falten bekommen, würde älter werden. Meine Mutter würde sterben, fern von mir. Ich würde weit weg von allen, die mir in Rio so wichtig waren, leben und irgendwann allein sterben. Ich weinte lange.

Später fragte ich mich, was mit mir los war. Ein Drama, wie in einer mexikanischen *Telenovela*. In Brasilien hatte ich nie *Telenovela* gesehen, und jetzt so etwas?

Ich habe Rita angerufen und ihr alles erzählt.

»Du brauchst einen Job«, sagte Rita. »Ich habe einen Termin mit Veronika von der Arbeitsagentur vereinbart. Komm mit mir mit!«

Als Nildo nach Hause kam, erzählte ich ihm von meinen Plänen, mir einen Job zu suchen.

»Ich halte das für eine großartige Idee«, erwiderte er. »Es geht nichts über einen Sprung ins kalte Wasser.«

Novela

Um dia encontrei mais uma vez minha vizinha simpática na lavanderia. Desta vez ela perguntou como eu estava. Eu queria contar a ela sobre minhas dificuldades iniciais, mas falar em alemão ainda era um desafio, a menos que eu tivesse memorizado minhas frases com antecedência.

— Estou muito bem, obrigada e a senhora? — respondi, perguntando com a entonação correta.

Do nada, entre o detergente em pó e pregadores de roupa, ela me elogiou. Ela disse que se podia ver em meus olhos que eu era uma pessoa especial. Fiquei em silêncio e sem dizer uma palavra, peguei minha cesta de roupa e voltei rapidamente para o apartamento. Eu não queria ser rude, mas não podia dizer nada. As palavras haviam perdido o significado e haviam derretido na voz daquela senhora idosa, com seu cabelo de algodão doce. No apartamento, deixei cair a cesta no chão e as lágrimas brotaram de meus olhos. No fundo do meu coração, uma dor tão grande. Minha mãe estava bem longe, minha mãe ganhava rugas, envelhecia. Minha mãe morreria, bem longe de mim. Eu viveria longe de todos os que eram tão importantes para mim no Rio, e um dia eu morreria sozinha. Chorei por muito tempo.

Mais tarde eu me perguntei o que havia de errado comigo. Um drama, como em uma novela mexicana. Eu nunca tinha assistido novela no Brasil, e agora algo assim?

Liguei para Rita e contei tudo a ela.

— Você está precisando de um trabalho — disse Rita — Marquei hora com a Veronica da agência de empregos. Por que não vem comigo?

Quando Nildo chegou em casa, contei a ele sobre meus planos de arrumar um emprego.

— Acho uma excelente ideia — disse ele — Nada como pular na água fria.

Als jemand, der eine warme Dusche bevorzugt, hat mir Nildos Bemerkung nicht besonders gefallen. Wie wenn man sagt: »Der frühere Vogel fängt den Wurm.«

Einen Wurm zu fangen sollte mich motivieren, in der Morgendämmerung mein bequemes Bett zu verlassen?

»Es wird gut sein«, sagte Nildo, »du wirst deine Angst verlieren, Deutsch zu sprechen«.

Ich hatte keine Angst, Deutsch zu sprechen, ich hatte Angst, mit Menschen zu reden. Ich hatte die schreckliche Angewohnheit entwickelt, meine Sätze nicht zu beenden.

Ich fing an zu sagen: »Ich habe drei Jahre lang in diesem Projekt.. .« und konnte meine Sätze nicht zu Ende führen.

Ich dachte an die Konjugation des Verbs und nach langem Nachdenken wusste ich nicht mehr, worüber ich überhaupt sprach. Ich war mir sicher, dass die Deutschen, mit denen ich mich unterhielt, mich für geistig behindert hielten, und es gibt sicher einige, die bis heute noch auf den Abschluss meiner Sätze warten.

Nildo war überzeugt, dass dies ein weiterer Grund für mich war, mir einen Job zu suchen, weil ich dann die Sprache besser lernen würde. Ich dachte darüber nach und kam zu dem Schluss, dass es eine gute Erfahrung sein würde. Schriftsteller*innen müssen rausgehen und sich unter die Leute mischen. Vielleicht würde dieses Erlebnis mich inspirieren, meine erste Geschichte auf Deutsch zu verfassen.

Como alguém que prefere uma chuveirada morna, não gostei muito do comentário do Nildo. Assim como dizem: “O pássaro madrugador apanha a minhoca”. Apanhar a minhoca deveria me motivar a deixar minha cama confortável mais cedo?

— Será bom — disse Nildo — vai perder o medo de falar alemão.

Não tinha medo de falar alemão, tinha medo de falar com as pessoas. Havia desenvolvido o hábito terrível de não terminar minhas frases. Começava a falar: “Eu tinha três anos neste projeto...” e não conseguia concluir minhas frases.

Ponderava sobre a conjugação do verbo e de tanto pensar não sabia mais sobre o que estava falando. Tinha certeza de que os alemães com os quais eu conversava me consideravam uma retardada mental e deve ter aqueles que até hoje estão esperando pela conclusão de minhas frases.

O Nildo insistiu que era um motivo a mais para eu arrumar um emprego, pois iria aprender melhor o idioma. Pensei a respeito e concluí que seria uma boa experiência. Escritoras e escritores precisam estar lá fora, se misturando às pessoas do povo. Talvez eu me inspirasse para escrever uma história em alemão.

Frau Dr. Sauerwein ist sauer

Die Agentur

Veronikas Arbeitsagentur befindet sich in einer Seitenstraße nicht weit weg von der Hauptstraße in Erlangen. An dem Tag, als Rita und ich dort hingingen, schien die Sonne und es war sehr heiß. Drei Leute unterhielten sich vor dem Gebäude, eine von ihnen war Veronika, die Rita zuwinkte.

»Hast du Zeit?«, fragte Veronika. »Diese Journalistin möchte mich für die Lokalzeitung interviewen.«

»Natürlich haben wir Zeit«, antwortete Rita, ohne mich zu fragen.

Ich habe mich nicht beschwert, schließlich würde die Lokalzeitung die Geschichte einer Brasilianerin herausbringen. Wer weiß, vielleicht wäre ich eines Tages an der Reihe, interviewt zu werden, nachdem ich meine Bücher veröffentlicht hätte?

»Warum konzentriert sich Ihre Agentur darauf, Jobs an Brasilianerinnen zu vermitteln?«, fragte die Journalistin.

Die heiße Luft war getränkt vom Currygeruch, der aus einem an der Ecke gelegenen indischen Restaurant drang.

Veronika sah die Journalistin an und antwortete:

»Sicherlich hat die Tatsache, dass ich Brasilianerin bin meine Entscheidung beeinflusst. Meine Lebensgeschichte unterscheidet sich nicht sehr von der vieler anderer brasilianischer Frauen, die Deutsche heiraten. Viele von ihnen verzichten auf ihre Unabhängigkeit. Mein Ziel ist es, dass diese Frauen auf dem Arbeitsmarkt Fuß fassen und ihr eigenes Geld verdienen. Außerdem dürfen wir nicht vergessen, dass Deutschland aufgrund der Überalterung seiner Bevölkerung Arbeitskräfte braucht.«

Wow — Veronika würde ich meine Stimme geben.

Der Fotograf, der die Journalistin begleitete, schlug vor, ein Foto vor der Agentur zu machen, und Veronika lud Rita und mich ein, dabei zu sein. Was für ein Pech, ausgerechnet an diesem Tag waren meine Haare unordentlich und ich hatte nicht einmal Lippenstift aufgetragen.

Dra. Sauerwein está azeda

A agência

A agência de trabalho da Veronica ficava em uma rua transversal à rua Principal em Erlangen. No dia em que Rita e eu fomos lá, o sol brilhava e fazia um calor danado. Três pessoas estavam conversando na calçada, uma delas era Veronica que acenou para Rita.

— Está com tempo? — Veronica perguntou — Essa jornalista quer me entrevistar para o jornal local.

— Claro que temos tempo — Rita respondeu sem me consultar.

Não reclamei, afinal o jornal local publicaria a história de uma brasileira. Quem sabe, talvez algum dia seria a minha vez de ser entrevistada, após publicar meus livros?

— Por que a sua agência se concentra em arrumar trabalho para brasileiras? — a jornalista perguntou.

O ar quente estava saturado com o cheiro de *curry* vindo de um restaurante indiano na esquina.

Veronica olhou para a jornalista e respondeu:

— Com certeza o fato de eu ser brasileira influenciou na minha decisão. Minha história não é muito diferente daquela de muitas outras mulheres brasileiras que casam com alemães. Muitas delas se tornam dependentes. Meu objetivo é que essas mulheres entrem no mercado de trabalho e ganhem seu próprio dinheiro. Além do mais, não podemos esquecer que a Alemanha precisa de mão de obra, já que sua população está envelhecendo.

Uau — eu votaria na Veronica.

O fotógrafo que acompanhava a jornalista sugeriu tirar uma foto em frente à agência e Veronica me convidou junto com Rita para a foto. Que azar, justamente nesse dia meu cabelo estava todo bagunçado e eu não havia passado nem mesmo um batom.

Wir standen vor dem Fenster, auf dem man lesen konnte ›Arbeitsagentur Brazuca‹. Der Fotograf schoss das Foto. Dann verabschiedeten sie sich.

Veronikas Agentur war nicht mehr als ein kleiner Raum mit zwei Tischen, zwei Stühlen, einem alten Computer und einer Kaffeemaschine. Es gab auch eine kleine Toilette ohne Fenster. Die Agentur war neu und Veronika hatte entweder keine Zeit gehabt, sich um die Dekoration zu kümmern, oder kein Geld – vielleicht war es beides. Die Wände waren nackt und der Raum sah ein bisschen trostlos aus.

»Setzt euch«, sagte sie und schob mir ihren Stuhl entgegen. »Möchtet ihr einen Kaffee?«

Ich hätte gerne einen getrunken, aber die Kaffeemaschine war ausgeschaltet, und ich wollte Veronika keine Unannehmlichkeit bereiten, deswegen lehnte ich ab. Veronika war eine schlanke schwarze Frau, ihr Haar war zu einem Pferdeschwanz gebunden. Sie trug ein geblümtes Kleid.

»Rita, hast du dein Deutsch verbessert?«, fragte Veronika.

Die Gruppe der brasilianischen Frauen aus Erlangen kannte Rita und ihre Schwierigkeiten mit der Sprache.

»Ja, und ich mache einen Kurs, zusammen mit Chris«.

Veronika warf einen Blick in meine Richtung.

»Und du bist also auch auf der Suche nach einem Job?«

»Ja«, antwortete ich, »ich bin Schriftstellerin, vielleicht hast du in diesem Bereich etwas für mich?«

»Schreibst du auf Deutsch?«

»Nein.«

»Leider kenne ich keinen Menschen aus Brasilien, der gerade plant, seine Memoiren zu schreiben.«

Veronika schaltete den Computer ein und blickte auf den Bildschirm.

»Ich habe freie Stellen als Rezeptionistin. Ihr könnt euch entweder für eine Praxis für Physiotherapie oder für eine Hautärztin entscheiden und euch dann dort bewerben.«

Rita sagte schnell, dass sie die Hautarztpraxis bevorzuge.

Also bekam ich die freie Stelle in der Praxis für Physiotherapie.

Nós nos posicionamos em frente à vidraça, onde se lia "Agência de Trabalho Brazuca". O fotógrafo tirou a foto. Em seguida eles se despediram.

A agência de Veronica não passava de um cômodo pequeno com duas mesas, duas cadeiras, um computador antigo e uma cafeteira. Também havia um pequeno banheiro sem janela. A agência era nova e Veronica ou não havia tido tempo de se ocupar com a decoração, ou não tivesse dinheiro para isso – talvez se tratasse de ambos. As paredes estavam nuas e a sala tinha um aspecto desolado.

— Sentem-se — ela disse empurrando sua cadeira na minha direção — Gostariam de um café?

Eu teria gostado de tomar um, mas a cafeteira estava desligada e não queria causar nenhum incômodo a Veronica, por isso recusei. Veronica era uma negra magra, seus cabelos estavam presos num rabo de cavalo. Usava um vestido floral.

— Rita, você melhorou seu alemão? — Veronica perguntou.

O grupo de brasileiras de Erlangen conhecia Rita e suas dificuldades com o idioma.

— Sim e estou fazendo curso, junto com a Chris.

Veronica lançou um olhar na minha direção.

— E você também está procurando emprego?

— Sim — respondi — Sou escritora, talvez tenha algo pra mim nessa área?

— Você escreve em alemão?

— Não.

— Infelizmente não conheço nenhum brasileiro, que planeja escrever suas memórias.

Veronica ligou seu computador e se virou para a tela.

— O que tenho são vagas de recepcionistas. Vocês podem escolher entre consultório de fisioterapia e de dermatologia e se candidatarem lá.

Rita foi rápida em dizer que preferia o consultório de dermatologia.

Então eu fiquei com a vaga no consultório de fisioterapia.

y

Sabine, die Physiotherapeutin, empfing mich noch am selben Nachmittag. Sie suchte dringend eine Rezeptionistin. Die Praxis war geräumig und Sabine war eine energische Frau, die schnell redete, während sie mir die Geräte zeigte. Sie führte mich in einen winzigen Raum, in dem sich der Fango-Ofen befand. Ich hatte noch nie etwas von Fango gehört. Eine Art Schlamm, der für Wärmebehandlung verwendet wird. Der Fango wird erhitzt und anschließend als Packung auf den Körper aufgetragen. Sabine zeigte mir, wie man den Fango-Ofen bedient. Es war wirklich sehr heiß. Dieser Job würde kein Zuckerlecken sein. Es war sehr wahrscheinlich, dass ich durch die Anstrengung ein paar Kilo abnehmen würde, es sei denn, Angstzustände würden mich dazu bringen viel zu viel zu essen. Jedes Mal, wenn ich das Telefon klingeln hörte, sprang ich auf. Das Telefon war mein Albtraum. Es war schon schwer genug, mit den Deutschen von Angesicht zu Angesicht zu reden, aber am Telefon?

Sabine erklärte mir, dass ich am Telefon sagen sollte:

»Praxis für Physiotherapie, guten Tag!«

Ich wiederholte: »Praxis für Phisiotherapie, guten Tag!«

»Nicht Phisio«, sagte Sabine. »Physio.«

Sie zog die Lippen zusammen und sprach die korrekte deutsche Aussprache des y.

Ich wiederholte: »Phusio«

»Physio.«

»Phiesio.«

»Physio.«

»Phuesio.«

Nach mehreren Versuchen, durch die meine Lippen leicht taub wurden, gelang es mir, Physiotherapie richtig auszusprechen.

y

Sabine, a fisioterapeuta, me recebeu aquela tarde mesmo. Ela estava precisando urgentemente de uma recepcionista. O consultório era espaçoso e Sabine era uma mulher enérgica que falava rápido e caminhava de um lado para o outro mostrando os equipamentos. Ela me levou para uma salinha minúscula, onde ficava o forno de *fango*. Nunca tinha ouvido falar em *fango*. Um tipo de lama usada para tratamento térmico. A lama é aquecida e depois aplicada no corpo. Sabine me mostrou como manejar o forno. Fazia um calor danado. Aquele trabalho não seria brincadeira. Era bem provável que eu perdesse alguns quilos com o esforço, a não ser que passasse a comer além da conta por ansiedade. Cada vez que ouvia o telefone tocar, eu pulava. O telefone era meu pesadelo. Já tinha dificuldade em conversar com os alemães frente a frente, imagine por telefone?

Sabine me explicou o que deveria dizer ao atender o telefone:

— Consultório de fisioterapia, boa tarde!

O problema é que a palavra fisioterapia em alemão tem y – *Physiotherapie*, e os alemães pronunciam o y fazendo um bico, o que para quem não está acostumado é extremamente difícil.

Então quando Sabine disse: — Consultório de fysioterapia, boa tarde!

Eu repeti: — Consultório de fisioterapia, boa tarde!

— Não é fisio — disse Sabine — fysio.

Ela juntou os lábios demonstrando a pronúncia correta em alemão do y.

Eu repeti: — Fusio

— Fysio.

— Fiesio.

— Fysio.

— Fuesio.

Após várias tentativas em que meus lábios estavam levemente dormentes, consegui pronunciar corretamente *Physiotherapie*.

Das Telefon klingelte und Sabine bat mich, den Anruf entgegenzunehmen.

»Praxis für ... Physiotherapie, guten Tag!«

Die Person am anderen Ende der Leitung sprach ununterbrochen und ich konnte nur meinen Herzschlag in meinen Ohren pulsieren hören. Ich legte den Hörer auf und Sabine starrte mich erstaunt an.

»War das nicht ein Patient, der einen Termin ausmachen wollte?«

»Hat sich verwählt.«

Es war durchaus möglich, dass es ein Patient war, der einen Termin vereinbaren wollte, aber ich war zu aufgeregt, um mich zu konzentrieren und hatte kein einziges Wort verstanden. Ich konnte nur daran denken, dass ich es geschafft hatte, Physiotherapie richtig auszusprechen. Sabine bat mich zu üben, denn die Pause, die ich mitten im Satz gemacht habe, hatte sich sehr seltsam angehört. Diese Pause war notwendig gewesen, damit ich mich geistig und körperlich auf die Aussprache des y vorbereiten konnte, indem ich meine Lippen richtig zusammenbrachte. Aber ich hatte nicht vor, das Sabine zu erzählen, also nickte ich.

Sie gab mir ein Faltblatt mit den angebotenen Behandlungen und bat mich, diese auswendig zu lernen, falls ein Patient danach fragen sollte. Ich setzte mich an die Rezeption, und als Sabine sich um einen Patienten kümmerte, atmete ich erleichtert auf und warf einen Blick in die Broschüre.

Krankengymnastik

Lymphdrainage

Physikalische Therapie

Meine Güte, wie werde ich das überstehen?

Wenn ich schon solche Schwierigkeiten hatte, wie würde die arme Rita sich durchschlagen? Sie konnte nicht einmal Eichhörnchen aussprechen.

Ich habe den ersten Arbeitstag überlebt und war danach so erschöpft wie noch nie in meinem Leben. Fango durch die Gegend zu tragen ist eine anstrengende körperliche Aktivität.

Nildo holte mich nach Feierabend mit dem Auto ab und lud mich ein, meinen ersten Arbeitstag mit einem Abendessen beim Italiener zu feiern.

O telefone tocou e Sabine fez questão que eu o atendesse.

— Consultório de ... fysioterapia, boa tarde!

A pessoa falava do outro lado da linha e eu ouvia apenas as batidas do meu coração pulsando nos meus ouvidos. Desliguei o telefone e Sabine me encarou espantada.

— Não era um paciente querendo marcar uma consulta?

— Ligação errada.

Era bem possível que tivesse sido um paciente querendo marcar uma consulta, mas eu estava muito agitada para me concentrar e não havia entendido uma única palavra. Só pensava que havia conseguido pronunciar fisioterapia de forma correta. Sabine me pediu para treinar, pois aquela pausa que havia feito no meio da frase havia soado bem estranha. Aquela pausa havia sido necessária para eu poder me preparar mental e fisicamente para a pronúncia do y, juntando meus lábios de modo correto. Mas não ia contar isso para Sabine e assenti.

Ela me deu um folheto com os procedimentos oferecidos e me pediu para decorá-los, caso algum paciente perguntasse. Eu me sentei à mesa da recepção e quando Sabine foi cuidar de um paciente, me permiti respirar aliviada e dei uma olhada no folheto.

Gynastica reabilitadora.
Drenagem *lymfática*
Terapia *fysica*.
Meu Deus, como vou sobreviver a isto?

Se eu estava encontrando essa dificuldade, imagine a pobre da Rita que não conseguia pronunciar esquilo.

Consegui sobreviver àquele primeiro dia de trabalho e nunca estive tão exausta na minha vida. Carregar *fango* de um lado para outro é uma atividade física puxada.

Nildo foi me buscar de carro no final do expediente e me convidou para irmos comemorar meu primeiro dia de trabalho com um jantar no restaurante italiano.

»Wie wäre es, wenn wir die Feier auf ein anderes Mal verschieben?«, fragte ich.
»Das ist in Ordnung«, sagte Nildo, »wie wäre es am Wochenende?«
»Wochenende? Ich habe an meinen Urlaub gedacht.«

Trotz meiner Müdigkeit rief ich Rita an und erkundigte mich nach ihrem Tag, während Nildo am Steuer saß. Rita antwortete mir, dass sie keine Schwierigkeiten gehabt hatte. Ich beendete das Gespräch und sagte zu Nildo:
»Ich finde es seltsam, dass Rita keine Schwierigkeiten hatte.«
Nildo fragte mich: »Rita, ist das deine Freundin, die mich Nudeln nennt?«

Am nächsten Tag wachte ich mit Muskelkater am ganzen Körper auf, und es war fast unmöglich, nicht zu spät zum Sprachkurs zu kommen. In der Pause, als wir auf dem großen Sofa im Aufenthaltsraum saßen, erzählte ich Rita und Manuela von meinen Abenteuern am Vortag. Manuela lachte und sagte, ich müsse nur ein bisschen üben, dann würde ich eine Expertin für die Aussprache des y werden.
Ich wandte mich an Rita: »Und du? Hattest du an deinem ersten Arbeitstag keine Schwierigkeiten?«
Rita schüttelte den Kopf.
»Ich? Nada, aber ich muss gestehen, dass mich die Patienten von Dr. Sauerwein ab und zu etwas seltsam angestarrt haben.«
»Glaubst du, sie haben dich diskriminiert, weil du Ausländerin bist?«, fragte Manuela.
Rita seufzte.
»Ich glaube nicht, aber ich bin mir nicht sicher.«

— Que tal deixarmos a comemoração para outra vez? — perguntei.

— Tudo bem — disse Nildo, — podemos ir no final de semana.
— Final de semana? Estava pensando nas minhas férias.

Mesmo cansada fiz questão de ligar para Rita e perguntar pelo dia dela, enquanto Nildo dirigia. Rita me respondeu que não havia tido problema algum. Desliguei o telefone e disse a Nildo:

— Acho estranho que Rita não tenha tido problemas.

Nildo me perguntou:

— Rita, é aquela sua amiga que me chama de Nudeln?

Nudeln que em alemão significa macarrão.

Acordei no dia seguinte com dores por todo o corpo e foi quase impossível não me atrasar para o curso de idiomas. Durante a pausa em que nos sentamos no enorme sofá no salão da entrada contei para Rita e Manuela das minhas peripécias no dia anterior. Manuela riu e disse que eu só precisava treinar um pouco e me tornaria especialista na pronúncia do y.

Virei-me para Rita: — E você? Não teve dificuldade no seu primeiro dia de trabalho?

Rita abanou a cabeça.

— Eu? Nenhuma dificuldade, mas confesso que de vez em quando os pacientes da Dra. Sauerwein ficaram olhando para mim de um modo estranho.

— Acha que é preconceito contra estrangeiros? — Manuela perguntou.

Rita suspirou.

— Acho que não, mas não tenho certeza.

Rita

Als ich am Nachmittag in die Praxis ging, machte mich sofort an die Arbeit. Ich schaltete den Fango-Ofen ein und warf die Handtücher, die am Vortag benutzt worden waren, in die Waschmaschine. Eine Patientin kam herein, es war eine Fränkin. Das Ergebnis: Ich verstand nur Bahnhof. Sie legte offensichtlich keinen Wert auf *Hochteudsch*. Es war ›deppert‹ hier und ›deppert‹ da und ›Des is hadd!‹

Doch schon bald traten die Verständnisschwierigkeiten in den Hintergrund. Mein Handy klingelte, ich ging ran und hörte Rita weinen.

Ich ging zu Sabine, die gerade einen Patienten massierte.

»Ich muss leider gehen, Notfall.«

»Notfall? Was meinen Sie damit? Sie können nicht einfach gehen.«

»Es tut mir leid.«

Ich verließ die Praxis und fuhr mit dem Fahrrad zu Ritas Arbeitsstelle.

Als ich ankam, hatte Veronika von der Agentur gerade ihr Auto geparkt und ich fragte sie: »Was ist passiert?«

Veronika seufzte.

»Rita gerät immer in Schwierigkeiten.«

In der Hautarztpraxis saß Rita weinend auf dem Empfangstresen. Ich ging auf sie zu.

»Wir sind hier, mach dir keine Sorgen.«

Rita heulte wie ein siebenjähriges Mädchen.

Frau Doktor Sauerwein kam aus einer der Türen. Sie war in den Vierzigern, groß und stämmig. Sie trug einen weißen Arztkittel über einem blauen Kleid und hohe Absätze. Sie wandte sich direkt an Veronika: »Ich habe Ihrer Freundin diese Chance nur gegeben, weil Sie mich darum gebeten haben, aber sie ist gefeuert.«

Veronika versuchte ruhig zu klingen.

»Frau Doktor, Sie können sie nicht ohne guten Grund entlassen.«

»Guter Grund? Nun, ich habe einen sehr guten Grund.«

Rita vergrub ihr Gesicht in den Händen und weinte noch heftiger. Ich begann zu ahnen, aus welchem Grund Frau Dr. Sauerwein Rita entlassen hatte.

Rita

Àquela tarde cheguei no consultório de fisioterapia e fui direto ao trabalho. Liguei o forno de *fango*, joguei na lavadora as toalhas que haviam sido usadas no dia anterior. Uma paciente entrou e se tratava de uma mulher da região falando em dialeto, resultado: não entendi bulhufas. Afinal de contas ela não se esforçava nem um pouco para falar *Hochdeutsch*. Era um tal de *"Deppert"* aqui e *"Deppert"* acolá e *"Des is hadd!"*

Mas logo a dificuldade de comunicação ficou em segundo plano. Meu celular tocou, atendi e ouvi Rita chorando.

Fui até Sabine, que massageava um paciente.

— Preciso ir, é uma emergência.

— Emergência? O que quer dizer com isso? Não pode simplesmente ir embora.

— Me desculpe.

Deixei o consultório e pedalei com minha bicicleta até o local de trabalho de Rita.

Quando cheguei, Veronica acabava de estacionar seu carro e perguntei: — O que aconteceu?

Veronica suspirou.

— Rita está sempre se metendo em confusão.

No consultório de dermatologia Rita chorava sentada no balcão da recepção. Eu fui até ela.

— Estamos aqui, não se preocupe.

Rita chorava como uma menina de sete anos.

Doutora Sauerwein saiu de uma das portas. Ela estava na faixa dos quarenta anos, alta e encorpada. Usava jaleco branco por cima de um vestido azul e salto alto. Ela se dirigiu diretamente a Veronica: — Dei essa chance à sua amiga porque a senhora me pediu, mas ela está despedida.

Veronica tentou soar calma.

— A senhora não pode despedi-la sem um bom motivo.

— Bom motivo? Pois eu tenho um excelente motivo.

Rita enfiou o rosto entre as mãos, seu choro ainda mais exagerado. Comecei a suspeitar da razão pela qual o Dra. Sauerwein havia

Hatte Rita jemanden *Speck* genannt? Mit *Body Shaming* ist nicht zu spaßen. Veronika wandte sich an die Hautärztin und schlug mit leiser Stimme vor: »Beruhigen Sie sich und erzählen Sie mir, was passiert ist.«

»Ich bin nicht aufgeregt«, sagte Frau Dr. Sauerwein mit rotem Gesicht, »aber, was sie getan hat ist unverzeihlich.«

Ich wusste, dass Rita schon mehrmals entlassen worden war, und zwar jedes Mal aus gutem Grund. Ich wollte gerne glauben, dass Veronika Frau Dr. Sauerwein davon überzeugen könnte, Rita eine zweite Chance zu geben, aber dem Tonfall der Hautärztin nach zu urteilen, war das unmöglich. Frau Dr. Sauerwein begann zu erzählen.

»Nun, stellen Sie sich die Situation vor, ich habe Rita in mein Büro gerufen.«

Als Schriftstellerin habe ich eine lebhafte Fantasie, und ich habe mir die Szene vorgestellt:

Rita, die einen weißen Laborkittel trug, betrat mit einem Lächeln im Gesicht das Büro von Frau Dr. Sauerwein, die keine Zeit verschwendete und mit energischer und schneller Stimme zu sprechen begann:

»Sie werden für die Untersuchung der Achselhöhlen der Patienten zuständig sein.«

Ich konnte mir vorstellen, wie Frau Dr. Sauerwein einer verängstigten Rita das Verfahren erklärte und Rita nur die Hälfte verstand, sich aber nicht traute, etwas zu fragen, aus Angst vor einer negativen Reaktion. Einige Minuten später öffnete Rita die Tür und ging mit einem Klemmbrett in der Hand in den Warteraum.

»Herr Hetz? Mit mir kommen.«

Ich brauchte mir Herrn Hetz nicht vorzustellen, er stand an der Rezeption, er war groß und dickbäuchig und beobachtete unser Gespräch mit Interesse. Meine Fantasie ging wieder an die Arbeit: *Herr Hetz folgte Rita in den Untersuchungsraum. Er blieb vor ihr stehen und wartete.*

Rita sagte: »Ich prüfe weiter.«

Herr Hetz kniff die Augen zusammen, ein leicht genervter Gesichtsausdruck, der üblich ist, wenn Deutsche auf jemanden treffen, der die deutsche Sprache nicht beherrscht. Rita hatte gelernt, dass sie dem Patienten die Behandlung erklären müsse. So stand Rita im Untersuchungsraum, legte das Klemmbrett auf den Schrank und zog ihre Handschuhe an. »Ich werde betasten Ihre …«

dispensado Rita. Será que ela havia chamado alguém de *toucinho*? *Body shaming* não é brincadeira. Veronica se aproximou da dermatologista e sugeriu com a voz baixa: — Acalme-se e me conte o que aconteceu.

— Não estou nervosa — disse Dra. Sauerwein com rosto vermelho — mas o que ela fez é imperdoável.

Sabia que Rita havia sido demitida antes, e todas às vezes havia sido por um bom motivo. Queria acreditar que Veronica pudesse convencer Dra. Sauerwein a dar uma segunda chance a Rita, mas a julgar pelo tom da dermatologista, não havia o que fazer. Dra. Sauerwein começou a falar.

— Pois imagine a situação, chamei Rita para minha sala.

Como escritora tenho uma imaginação fértil e imaginei a cena:

Rita, vestindo o jaleco branco, entrou com um sorriso no rosto na sala da Dra. Sauerwein, que não perdeu tempo e começou a falar numa voz enérgica e rápida:

— A senhora ficará encarregada do exame das axilas dos pacientes.

Eu podia imaginar como Dra. Sauerwein explicava o procedimento para uma assustada Rita, que não entendia tudo, mas não ousava perguntar alguma coisa por medo de uma reação negativa. Minutos depois Rita abria a porta e se dirigia para a sala de espera com uma prancheta na mão.

— Senhor Hetz? Comigo venha.

Não precisei imaginar senhor Hetz, ele estava em pé na recepção, era grande e barrigudo e observava com interesse a nossa discussão. Minha imaginação voltou a trabalhar: *Senhor Hetz seguiu Rita para a sala de exame. Parou na frente dela e aguardou.*

Rita disse: — Eu examinar continuo.

Senhor Hetzt apertava os olhos, uma expressão levemente irritada, o que é comum quando os alemães se deparam com alguém que não domina o idioma. Rita havia aprendido que precisava explicar o procedimento para o paciente. Assim Rita em pé na sala de exame colocou a prancheta em cima do móvel e enfiou as luvas.

— Vou tocar no seu...

Rita weinte noch lauter. Die Stimme von Frau Dr. Sauerwein klang tiefer.

»Wissen Sie, was sie gesagt hat?«

Veronika schluckte mühsam und ich starrte Rita an, die untröstlich war. Frau Dr. Sauerwein wandte sich an Rita.

»Erzählen Sie Ihren Freundinnen, was Sie gesagt haben.«

Unter Tränen versuchte Rita etwas zu sagen, aber sie redete nur wirres Zeug und Frau Dr. Sauerwein fügte hinzu:

» Ich werde ihre Arschhöhle betasten. Anstatt Achselhöhle zu sagen, sagte sie Arschhöhle.«

Veronikas Gesicht wurde rot, und meins muss auch rot geworden sein.

»Das Schlimmste«, so Frau Dr. Sauerwein, »war, dass Herr Hetz seine Hose heruntergezogen hat. Dies ist eine Familienpraxis, niemand zieht hier die Hosen runter, wenn es nicht strikt notwendig ist.«

Jetzt war Herr Hetz an der Reihe zu nicken. Ich mochte mir ihn nicht mit heruntergelassenen Hosen im Behandlungsraum von Frau Dr. Sauerwein vorstellen. Ohne dass dies strikt notwendig wäre. Ich konnte mir vorstellen, wie die Ärztin den Raum betrat und das wahrscheinlich haarige Hinterteil von Herrn Hetz und eine überforderte Rita vorfand.

»Sie haben völlig recht, Frau Doktor«, sagte Veronika und ergriff Ritas Arm. »Nun gut, wir sollten später darüber sprechen.«

Frau Dr. Sauerwein schüttelte den Kopf.

»Es gibt nichts zu besprechen, Ihre Freundin ist gefeuert.«

Ich ergriff Ritas anderen Arm und wir verließen Frau Dr. Sauerweins Praxis.

Später rief mich Sabine an, um mir mitzuteilen, dass ich am nächsten Tag nicht wieder in ihre Praxis kommen bräuchte. Sie müsse sich auf ihre Mitarbeiterin verlassen können. Mein Verhalten am zweiten Arbeitstag alles liegen zu lassen und zu verschwinden, gefiel ihr nicht.

Es war wirklich schade. Ich hatte so schön auswendig gelernt »Praxis für Physiotherapie, guten Tag!« zu sagen und dabei das y richtig ausgesprochen.

Rita chorava mais alto na recepção. A voz da Dra. Sauerwein soou mais grave.

— A senhora sabe o que ela respondeu?

Veronica engoliu com dificuldade e eu encarei Rita, que estava inconsolável. Dra. Sauerwein se voltou para Rita.

— Conte a suas amigas o que a senhora disse.

Aos prantos Rita tentava dizer alguma coisa, mas não falava coisa com coisa e Dra. Sauerwein acrescentou:

— No seu cu, ela disse, vou tocar no seu cu.

Rita ao invés de dizer *Achsenhöhle* – que em alemão significa axila, disse *Arschhöhle* – cu.

O rosto de Veronica ficou vermelho e o meu deve ter ficado também.

— O pior — disse Dra. Sauerwein, — foi que senhor Hetz abaixou as calças. Esse é um consultório familiar, ninguém abaixa as calças aqui, a não ser que seja estritamente necessário.

Foi a vez do senhor Hetz assentir. Não queria imaginá-lo com as calças abaixadas na sala de consulta da Dra. Sauerwein. Sem ser estritamente necessário. Podia imaginar a médica entrando na sala e dando de cara com a parte traseira e provavelmente cabeluda do senhor Hetz e com uma sobrecarregada Rita.

— A senhora tem toda razão — disse Veronica, agarrando o braço de Rita — Muito bem, melhor conversarmos sobre isso depois.

Dra. Sauerwein abanou a cabeça.

— Não há o que conversar, sua amiga está despedida.

Eu agarrei o outro braço de Rita e nós deixamos o consultório da Dra. Sauerwein.

Mais tarde foi a vez de Sabine me ligar e dizer que não precisava voltar no dia seguinte. Ela precisava contar com seus funcionários. Aquela história de largar tudo no segundo dia de trabalho não havia lhe agradado.

Uma pena. Havia aprendido a dizer tão bem de cor "Consultório de fisioterapia, boa tarde!" e até mesmo pronunciar de modo correto o y.

Die Agatha Christie der Tropen

Krimis

Da meine Karriere als Rezeptionistin vorbei war, beschloss ich, etwas anderes zu machen. Seitdem ich in Deutschland angekommen war, hatte ich kaum geschrieben. Das Schreiben war schon immer meine Leidenschaft, aber in Brasilien wäre es nicht möglich gewesen, eine Karriere als Schriftstellerin zu wagen. Aber jetzt war ich in Europa. Wer weiß? Ich könnte die Agatha Christie der Tropen werden. Die Entscheidung, Kriminalromane zu schreiben, kam ganz natürlich. Über Verbrechen schreiben? Das kann ich mit links, ich bin schließlich in Rio de Janeiro aufgewachsen.

Das Ergebnis: Beim Frühstück, während ich mir einen Löffel Müsli in den Mund steckte, stellte ich mir vor, wie die Leiche des Opfers gefunden werden würde. Ich schnitt ein Stück Papaya ab und strich Butter auf den Toast, während ich daran dachte, wie ich den Kerl im zweiten Absatz die Treppe hinunterwerfen würde. Oder doch lieber den Mann im Anzug in der Eröffnungsszene abstechen? Das Teenager-Mädchen in dem Pool schwimmen lassen, in dem die Schauspielerin tot und mit weit aufgerissenen Augen schwebt? Nildos Stimme riss mich aus meinem mörderischen Delirium.

»Möchtest du noch etwas Kaffee?«, fragte er.

»Ja, mit Arsen und am besten gleich im ersten Kapitel.«

A Agatha Christie dos trópicos

Romances policiais

Com minha carreira de recepcionista encerrada decidi me ocupar com outra coisa. Desde que havia chegado à Alemanha quase não havia escrito. A escrita sempre foi minha paixão, mas no Brasil não seria viável ter uma carreira como escritora. Mas agora estava na Europa. Quem sabe? Podia me tornar a Agatha Christie dos trópicos. A decisão de escrever romances policiais se deu muito naturalmente. Escrever sobre crimes? Fui criada no Rio de Janeiro, seria mamão com açúcar.

Resultado: No café da manhã enquanto enfiava uma colher de *Muesli* na boca imaginava como o corpo da vítima seria encontrado. Cortei um pedaço de mamão, passei manteiga na torrada, enquanto pensava em jogar o fulano escada abaixo no segundo parágrafo. Ou melhor esfaquear o homem de terno na abertura? Deixar a adolescente nadar na piscina em que a atriz boiava, mortinha com os olhos escancarados? A voz de Nildo me arrancou de meu delírio assassino.

— Quer mais café? — ele perguntou.
— Sim com arsênico e de preferência no primeiro capítulo.

Ideen für Krimis:
Tag 01

#Tatort Erlangen
»João, wir haben eine Leiche.«
Inspektorin Maria Antonieta ... ermittelt.

Ideen für Krimis:
Tag 02

~~#Tatort Erlangen~~
~~»João, wir haben eine Leiche«.~~
~~Inspektorin Maria Antonieta ... ermittelt.~~

Ideias para romances policiais:
Dia 01

#LocaldoCrime Erlangen
- João, nós encontramos um corpo.
Inspetora Maria Antonieta ... investiga.

Ideias para romances policiais:
Dia 02

~~#LocaldoCrime Erlangen~~
~~- João, nós encontramos um corpo.~~
~~Inspetora Maria Antonieta ... investiga.~~

Rezensionen

Für den Anfang wäre es besser, über etwas zu schreiben, das ich gut kannte.

So begann ich mein erstes Projekt: ›Caipirinha und ein Tropfen Blut‹, das ich im Selbstverlag herausgegeben habe. Als Marketingstrategie habe ich das Buch an eine Gruppe von Leser*innen geschickt, die ihre Meinung über das Buch in Form von Rezensionen am Tag der Veröffentlichung der Welt mitteilen sollten.

Am Tag der Veröffentlichung war ich sehr aufgeregt und gleichzeitig versuchte ich mir einzureden, dass es keinen Grund zur Aufregung gäbe. Das Schlimmste lag doch hinter mir, oder? Ich hatte Monate damit verbracht, das Manuskript zu schreiben, die Geschichte zu verbessern, zu verzweifeln – und dann kam ich zu der Meinung, dass die Geschichte nicht stimmte, und ich beschloss, die Handlung zu ändern und den größten Teil des Textes neu zu schreiben – , dann das Lektorat, das Korrektorat, die Testleserinnen, die Auswahl des Covers, und schließlich wurde das Buch veröffentlicht.

Die Rezensionen trafen ein, und meine Nervosität nahm immer mehr zu. Das Gefühl ist unbeschreiblich. Jedes Mal, wenn ich mein iPad öffnete, befand ich mich in einem anderen Folterinstrument und wurde mit einer neuen Technik konfrontiert.

07.30 Uhr: Pfählung

Mein Körper wird von riesigen Pfählen durchbohrt, der Prozess beginnt im Anus und geht bis zum Mund. Wussten Sie, dass es drei Tage dauern kann, bis das Opfer stirbt?

08.00: Sarg der Folter

Ich werde in eine mobile Zelle gesteckt, die auf einem öffentlichen Platz aufgehängt wird, wo Kritiker*innen auftauchen und schreien, dass mein Buch schrecklich sei und keine Sterne auf Amazon verdiene.

Resenhas

Para começar, seria melhor escrever sobre algo que eu conhecia bem.

Foi assim que iniciei meu primeiro projeto: "Chucrute e uma gota de sangue", que publiquei de forma independente. Para a divulgação, mandei o livro para um grupo de leitoras e leitores, encarregados de darem suas opiniões sobre o livro que eles compartilhariam com o mundo em forma de resenhas no dia da publicação.

No dia da publicação eu estava muito nervosa e ao mesmo tempo tentava me convencer que não havia motivo para nervosismo. O pior havia ficado para trás, certo? Havia passado meses escrevendo o manuscrito, melhorado a história, me desesperado ao achar que a história não estava boa e decidido mudar o enredo, até reescrever boa parte do texto, então edição, leitores betas, escolha da capa e o livro finalmente seria publicado.

As resenhas foram surgindo e meu nervosismo aumentava cada vez mais. O sentimento é indescritível. Todas as vezes que abria meu *iPad* era colocada num instrumento diferente de tortura, sendo confrontada com uma nova técnica.

07.30: empalação

Meu corpo é atravessado por enormes estacas, o processo começa pelo ânus e segue até a boca. Você sabia que a vítima pode levar três dias para morrer?

08.00: caixão da tortura

Sou colocada numa cela móvel que é pendurada em praça pública, onde os críticos surgem e gritam como meu livro é horrível e não merece nenhuma estrela da *Amazon*.

09.00 Uhr: Rad der Folter

Meine Gliedmaßen werden an ein hölzernes Rad gebunden und meine Arme und Beine werden von den Henkern mit großen Metallhämmern geschlagen, danach werde ich auf einem öffentlichen Platz auf dem Rad aufgehängt, damit die Kritiker*innen sich austoben können.

10.00 Uhr: Ich beschließe, mein iPad zu verstecken und nie wieder ein Buch zu veröffentlichen.

Sie, liebe Leserin, lieber Leser, werden sich fragen, ob die Kritiken so schlecht waren. Nicht wirklich, aber bei fünf positiven Rezensionen habe ich mich an diese eine negative geklammert. Ich las sie immer wieder und grübelte über all die Dinge nach, die ich falsch gemacht hatte – ich hätte die Handlung noch einmal ändern sollen. Ich fühlte mich wie die schlimmste aller Kreaturen, da mein Baby, das ich so sorgfältig beschützt hatte, da draußen von herzlosen Kritiker*innen zerrissen wurde.

Ich konnte kaum glauben, dass meine Schriftstellerinnenkarriere so enden würde, bevor sie wirklich begonnen hatte. Ich hätte nie gedacht, dass die Veröffentlichung eines Buches mich so aufregen würde. War ich bereit für das Leben einer Künstlerin? Aber als ich in das Zimmer zurückkehrte, in dem ich schrieb und auch heute noch schreibe, und die Wand voller Papierausschnitte mit Ideen für die Geschichten sah, die ich noch schreiben möchte, wurde mir klar – es war lebensnotwendig, weiterzumachen. Schließlich liebe ich es, Geschichten zu erzählen. Ein paar schlechte Kritiken würden mich nicht zum Schweigen bringen. Es gab so viele Geschichten, die ich erzählen wollte, und ich war mir sicher, dass jede einzelne von ihnen mir die Möglichkeit geben würde, eine bessere Schriftstellerin zu werden.

Ich teilte Manuela mit, wie es mir ging.

»Chris, hast du dir die Rezensionen von Stephen King auf Amazon angesehen? Er hat bereits mehrere Ein-Sterne-Bewertungen erhalten.«

09.00: a roda da tortura
Meus membros são presos em uma roda de madeira e meus braços e pernas são atingidos pelos torturadores com grandes martelos de metal, depois disso sou pendurada ainda na roda em praça pública para que os críticos possam dizer desaforos.

10.00: decidi esconder meu *iPad* e nunca mais publicar livro algum.

Você, querida leitora, querido leitor, deve estar se perguntando se as críticas haviam sido tão ruins assim. Na verdade, não, mas para cinco críticas positivas eu me agarrava aquela uma negativa. Lia e relia e remoía tudo que havia feito de errado – devia ter mudado o enredo mais uma vez. Me sentia a pior das criaturas, pois meu bebê, que havia protegido com tanto cuidado, estava lá fora sendo destroçado pelos críticos sem coração.

Mal podia acreditar que esse seria o fim de minha carreira de escritora que nem sequer havia começado. Nunca imaginei que a divulgação de um livro me deixaria tão ansiosa. Estava pronta para essa vida de artista? Mas ao voltar ao quarto onde escrevia e ainda hoje escrevo e observar a parede cheia de recortes de papel com as ideias para as histórias que queria escrever, me foi claro – era vital seguir em frente. Afinal, adoro contar histórias. Não seriam algumas críticas negativas que silenciariam minha voz. Havia tantas histórias que eu queria contar e tinha certeza que cada uma delas me daria a oportunidade de me tornar uma escritora melhor.

Contei para Manuela o que estava acontecendo.
— Chris, você já deu uma olhada nas resenhas do Stephen King na *Amazon*? Ele já recebeu várias resenhas com uma estrela.

Diese Möglichkeit hat mich noch mehr beunruhigt. Wenn mich schon drei Sterne fast umbringen, wie würde ich mich fühlen, wenn ich nur einen Stern bekäme?

Bei der Suche in den Foren für Indie-Autoren fand ich mehrere Artikel darüber, wie man die erste Ein-Stern-Bewertung überlebt. Ich habe mir die Rezensionen zu meinem Buch angesehen, zumindest hatte mir niemand einen Stern gegeben. Noch nicht. Aber dieser Tag würde sicher kommen, schließlich erhielt sogar Patrick Süsskinds ›Das Parfum‹, das ich für eine Perle der Literatur halte, Ein-Sterne-Kritiken und wurde als ›Dreck‹ bezeichnet und bekam Bemerkungen wie ›dieses Buch ist eine absolute Katastrophe‹ und ›so ein Schwachsinn‹. Ich weiß, dass jeder seine Meinung hat, aber muss man sich so respektlos gegenüber anderen äußern?

An dem Tag, an dem ich meine Ein-Stern-Rezension auf Amazon bekomme, werde ich mich damit trösten, dass ich in guter Gesellschaft bin.

Essa possibilidade me perturbou ainda mais. Se três estrelas já estavam quase me matando, imagine como me sentiria se ganhasse uma estrela.

Pesquisando nos fóruns de escritores independentes encontrei vários artigos sobre como sobreviver à primeira resenha de uma estrela. Dei uma olhada nas resenhas do meu livro, pelo menos ninguém havia me dado uma estrela. Ainda não. Mas com certeza esse dia chegaria, afinal de contas até o livro "O Perfume" do Patrick Süsskind, que considero uma pérola da literatura recebeu críticas uma estrela e foi tachado de "droga", "este livro é um verdadeiro desastre" e "que besteira". Sei que cada um tem sua própria opinião, mas é mesmo necessário ser tão desrespeitoso com os outros?

No dia em que receber minha uma estrela na *Amazon*, vou me consolar com o fato de que estarei em boa companhia.

Der Clown

Einige Wochen nach der Veröffentlichung meines Buches klingelte mein Handy und mein Herz schlug schneller. Es war ein gewisser Manfred, der mich fragte, ob ich die brasilianische Schriftstellerin sei.

»Ja, ich bin's«, antwortete ich, »Chris Gomes.«

Ob ich am Samstag Zeit hätte. Ich sagte, ich müsse im Terminkalender nachsehen – das war natürlich nicht nötig, denn abgesehen von einem Besuch in der Drogerie, um ein aluminiumfreies Deo zu kaufen, hatte ich keinen Termin. Ich antwortete Manfred, dass ich zufällig Zeit hätte. Worum es denn ginge?

»Es geht um eine Veranstaltung.«

Veranstaltung? Ich konnte es kaum fassen, ich fühlte mich wie eine echte Künstlerin. Manfred wollte mich für eine V E R A N S T A L T U N G buchen. War es an der Zeit vor meinem Auftritt, japanisches Mineralwasser und frisches Obst in meiner Garderobe zu verlangen?

»Haben Sie ein Clownskostüm?«, fragte Manfred am anderen Ende der Leitung.

Hatte ich ihn richtig verstanden oder handelte sich es um Verständnisschwierigkeiten?

»Aber ich bin Schriftstellerin«, sagte ich, um Missverständnisse rasch aus dem Weg zu räumen. »Wer hat Ihnen meine Nummer gegeben?«

»Das war Veronika von der Agentur.«

Ich hatte Veronika zwar gebeten, mich auf ihre Talentliste zu setzen, gemeint war aber für Lesungen, Buchmessen und Kulturprogramme.

»Was erwarten Sie von mir, Herr Manfred?«

»Unterhaltung. Ich eröffne ein Modegeschäft und möchte, dass meine Kundinnen und Kunden einen Anreiz haben zur Eröffnung zu kommen«.

»Modegeschäft? Keine Buchhandlung?«

»Sie können gerne Ihre Texte lesen.«

»Verkleidet als Clown?«

O palhaço

Algumas semanas após a publicação do meu livro, meu celular tocou e meu coração bateu acelerado. Era um tal de Manfred que perguntava se eu era a escritora brasileira.

— Sim, eu mesma — respondi — Chris Gomes.

Se eu estaria livre no sábado. Eu disse que tinha que olhar na agenda – claro que não precisava, além de uma visita à drogaria para comprar desodorante sem alumínio não tinha nada marcado. Ao Manfred respondi que, por acaso, estaria livre. Do que se tratava?

— Trata-se de um evento.

Evento? Não podia me conter, estava me sentindo como uma artista de verdade. Manfred queria me contratar para um E-V-E-N-T-O. Será que estava na hora de exigir água mineral japonesa e frutas frescas no meu camarim?

— Você tem uma fantasia de palhaço? — Manfred perguntou no outro lado da linha.

Será que eu estava entendendo bem ou havia alguma dificuldade de comunicação?

— Mas eu sou escritora — falei para evitar qualquer mal-entendido — Quem lhe deu meu número?

— Foi a Veronica da agência.

Eu tinha mesmo pedido a Veronica para me adicionar à lista de talentos dela, mas era para saraus, feiras de livros e programas culturais.

— Mas o que o senhor espera de mim, senhor Manfred?

— Entretenimento. Vou abrir uma loja de roupas e gostaria que os clientes tivessem um motivo para comparecer à inauguração.

— Loja de roupas? Não é livraria?

— Fique à vontade para ler seus textos.

— Vestida de palhaço?

Oh mein Gott — dachte ich — was werden meine Freund*innen auf *Facebook* denken, wenn jemand ein Bild von mir postet? Vor allem meine brasilianischen Freund*innen? Ich habe allen erzählt, dass ich in Deutschland unabhängig veröffentliche. Bücher auf Deutsch, Portugiesisch und sogar zweisprachig. Autorin, Übersetzerin und Illustratorin, wenn es sein muss, und jetzt das ... in der Öffentlichkeit als Clown verkleidet auftreten?

»Frau Gomes, sind Sie noch da? Was sagen Sie dazu?«, fragte Manfred und sagte mir, was er mir zu zahlen bereit war — eine beträchtliche Summe, damit ich mich als Clown verkleide und außerdem konnte ich Werbung für meine Bücher machen. Vielleicht sollte ich ziemlich schnell eine lustige Geschichte mit Clowns schreiben, aber mir fiel nur der Killer-Clown aus Stephen Kings Buch ein.

Am großen Tag stand ich da — Chris Gomes — als Clown verkleidet vor dem Geschäft. Es war so heiß. Ich habe in dem rot-weißen Kostüm geschwitzt. Die orangefarbene Perücke juckte auf meiner Kopfhaut. Das Make-up schmolz langsam, tropfte mir von meinem Gesicht und ließ meine Augen tränen. Die Passant*innen auf dem Bürgersteig sahen mich misstrauisch an — ich glaube, sie dachten auch an Stephen Kings Clown.

Ich zog das Buch aus meiner Tasche — eine Ausgabe von ›Caipirinha und ein Tropfen Blut‹ — und begann zu lesen, wobei ich versuchte, mich telepathisch an einen Strand in Rio de Janeiro zu versetzen. Zwei blonde Frauen mit Handtaschen blieben stehen und hörten zu. Ein siebzigjähriges Ehepaar betrat den Laden, eine Gruppe von Kindern bat um ein Foto. Dann kamen Rita und Manuela und machten den größten Krach, redeten gleichzeitig, machten Fotos, lachten und zogen die Aufmerksamkeit der Jugendlichen auf sich, die an der Bushaltestelle an der Ecke auf den Bus warteten.

Nachdem die Veranstaltung vorbei war — ich hatte mich umgezogen und mein hart verdientes Geld erhalten — dachte ich darüber nach, wie ich meinen Clown-Auftritt weniger peinlich gestalten könnte. Ich suchte eines der Fotos von mir im Kostüm und lächelnd mit meinem Buch in der Hand aus und schrieb einen langen Text, den ich auf *Facebook* postete. Ich als Clown in Deutschland, der gegen brasilianische Politiker protestiert.

Oh meu Deus — pensei — o que meus amigos e amigas no *Facebook* vão pensar se alguém publicar uma foto minha? Principalmente meus amigos e amigas do Brasil? Contei para todo mundo como estou publicando de modo independente na Alemanha. Livros em alemão, em português e até bilíngues. Autora, tradutora e ilustradora quando fosse preciso, e agora isso... aparecer em público vestida de palhaço?

— Senhora Gomes, a senhora ainda está na linha? O que me diz? — Manfred perguntou e me disse o que estava disposto a me pagar – uma quantia considerável para que eu me vestisse de palhaço e, além do mais, podia fazer divulgação dos meus livros. Talvez pudesse escrever bem rápido uma história engraçada com palhaços, mas tudo que me vinha à mente era o palhaço assassino do livro do Stephen King.

No grande dia lá estava eu – Chris Gomes – em frente à loja, vestida de palhaço. Fazia um calor danado. Eu suava dentro da fantasia vermelha e branca. A peruca laranja pinicava meu couro cabeludo. A maquiagem derretia, escorria pelo meu rosto e fazia meus olhos lacrimejarem. Pessoas que caminhavam na calçada me olhavam de modo desconfiado – acho que também pensavam no palhaço do Stephen King.

Tirei o livro da bolsa – um exemplar de "Chucrute e uma gota de sangue" – e comecei a ler, tentando me transportar telepaticamente para uma praia no Rio de Janeiro. Duas mulheres louras carregando bolsas pararam para ouvir. Um casal septuagenário entrou na loja, um grupo de crianças pediu por uma foto. Então chegaram Rita e Manuela e fizeram a maior algazarra, falando ao mesmo tempo, tirando fotos, rindo e chamando a atenção dos adolescentes que aguardavam pelo ônibus no ponto da esquina.

Após o evento ter chegado ao fim – eu tinha trocado de roupa e recebido meu dinheiro suado – pensei em uma maneira de tornar meu momento Bozo menos constrangedor. Escolhi uma das fotos minhas de fantasia e sorridente com meu livro na mão e escrevi um textão que postei no *Facebook*. Eu de palhaço na Alemanha protestando contra políticos brasileiros.

Nein, ich bezeichnete Politiker nicht als Clowns, das wäre ein Affront gegen Clowns. Fleißige Menschen, die zur Freude von Erwachsenen und Kindern beitragen. Es waren die Politiker, die uns zu Clowns gemacht haben. Ich schrieb, dass die brasilianische Gesellschaft intolerant, frauenfeindlich und konservativ geworden war.

Mein *Facebook*-Post wurde zum Hit mit Hunderten von *Likes* und *Shares*. Ich gebe zu, dass ich ein schlechtes Gewissen hatte, weil ich die Situation auf diese Weise ausgenutzt hatte, schließlich war es nicht meine Idee gewesen, mich als Clown zu verkleiden, um gegen die brasilianischen Politiker zu protestieren.

Aber ich überwand meine Gewissensbisse schnell, als Manfred mich anrief und fragte, ob ich am Samstag Zeit hätte. Ich sagte zu und teilte ihm mit, dass ich mich beim nächsten Mal anders verkleiden wolle – als Indianerin. Mit dem Handy in der Hand stellte ich mir schon meinen Protestpost auf *Facebook* vor, diesmal gegen die Abholzung des Amazonas-Regenwaldes.

Não, eu não estava chamando políticos de palhaços, seria uma afronta, contra palhaços. Seres humanos trabalhadores que contribuíam para a alegria de adultos e crianças. Políticos é que nos faziam de palhaços. Escrevi como a sociedade brasileira se tornou intolerante, misógina e conservadora.

Meu post no *Facebook* se tornou um sucesso com centenas de *likes* e compartilhamentos. Confesso que me senti um pouco mal por me aproveitar da situação dessa maneira, afinal me vestir de palhaço não havia sido ideia minha para protestar contra o governo brasileiro.

Mas logo superei meu problema de consciência quando Manfred me ligou e perguntou se tinha tempo na minha agenda no sábado. Respondi que sim e comentei que, da próxima vez queria usar outra fantasia – de índia. Com o celular na mão já imaginava meu post de protesto no *Facebook*, dessa vez contra o desmatamento da floresta amazônica.

Der ideale Tag

In einem Podcast hörte ich, dass man eine langandauernde Karriere am besten planen kann, wenn man sich vorstellt, wie ein idealer Tag für sich selbst aussehen würde. Ich wollte das ausprobieren. Wenn ich wählen könnte, wie würde mein idealer Tag aussehen? Von dem Zeitpunkt an, an dem ich die Augen öffne bis ich einschlafe?

So stelle ich mir meinen perfekten Tag vor: Ich erwache, die Laken duften herrlich nach Frühling, aus dem Fenster sehe ich die sich im Wind wiegenden Eichen und höre die Zaunkönige zwitschern. Ich meditiere eine halbe Stunde lang und dusche mich anschließend mit Zitrus-Seife, um den Kreislauf anzuregen. Der Frühstückstisch ist gedeckt: *Croissant* und *Latte Macchiato*, ein Stück Papaya und Orangensaft. Meine Assistentin Renate fragt mich, ob ich bereit bin zu schreiben, sie kümmert sich um alles andere. Ich gehe in mein Büro und beschäftige mich bis zur Mittagszeit mit meinen Geschichten.

Und die Realität?

Ich wache auf – die Laken sollte ich mal wieder waschen und die Vögel machen draußen Krach. Ich stehe auf und frage mich, warum ich so müde bin. Ich habe keine Zeit für eine halbe Stunde Meditation, und das bringt mich für den Rest des Tages aus dem Gleichgewicht. Milchkaffee und Haferflocken sehen unappetitlich aus. Aber worüber beschwere ich mich eigentlich?

Der perfekte Tag ist noch nicht vorbei. Ich werde von meiner Agentin Mereika zum Mittagessen in ein schickes Restaurant eingeladen. Mein Fahrer Roberto holt mich mit einer Limousine ab und fährt mich in eine nahe gelegene Stadt. Der Besitzer des Restaurants ist ein berühmter Koch, der Fernsehsendungen moderiert. Er kommt an unseren Tisch und fragt, ob alles in Ordnung sei, und ich mache ein Foto mit ihm. Nicht für mich, sondern für Nildo, der zu Hause der Küchenchef ist. Ich weiß kaum, wie man Tee zubereitet, und wenn Nildo nicht kocht, beschränkt sich das Menü auf *Instant* Nudeln. Außerdem schaue ich mir keine Fernsehsendungen an, um Kochen zu lernen, das ist bei mir Zeitverschwendung. Wir machen das Foto und ich wende mich an meine Agentin Mareika.

O dia ideal

Ouvi no *podcast* que a melhor maneira de planejar para uma carreira duradoura é imaginar como seria um dia ideal pra mim. Queria experimentar. Se pudesse escolher, como seria meu dia ideal? Desde o abrir dos meus olhos até eu ir dormir?

Assim imagino meu dia perfeito: Acordo, os lençóis cheiram maravilhosamente à primavera, pela janela vejo os carvalhos balançando ao vento e ouço as carriças chilreando. Medito por meia hora e então vou tomar um banho com sabonete cítrico para estimular a circulação. A mesa do café da manhã está arrumada: *croissant* e *latte macchiato*, um pedaço de mamão e suco de laranja. Minha assistente Renate me pergunta se estou pronta para escrever, ela se ocupará de todo o resto. Vou para meu escritório e me ocupo com minhas histórias até a hora do almoço.

E a realidade?

Acordo – está na hora de lavar os lençóis mais uma vez e os pássaros estão fazendo a maior barulheira lá fora. Me levanto, me perguntando por que estou tão cansada. Não tenho tempo para meia hora de meditação e isso me tira do equilíbrio para o resto do dia. Café com leite e mingau de aveia com aspecto nada apetitoso. Mas do que estou reclamando?

Dia perfeito ainda não terminou. Sou convidada pela minha agente Mereika para almoçar em um restaurante chique. Meu motorista Roberto me pega com uma limusine e me leva a uma cidade próxima. O dono do restaurante é um chef famoso que apresenta programas de TV. Ele vai até nossa mesa para perguntar se está tudo bem e tiro uma foto com ele. Não pra mim, para o Nildo que é o chefe de cozinha lá em casa. Eu muito mal sei preparar chá e quando o Nildo não cozinha o cardápio se resume a *miojo*. Além do mais não assisto programas de TV para aprender a cozinhar, para mim é desperdício de tempo. Tiramos a foto e volto atenção minha agente Mareika.

Ich habe zwar keine Agentin, aber seitdem ich die französische Serie *Call my agent* gesehen habe, träume ich davon, welche Abenteuer ich mit meiner imaginären Agentin erleben würde, was mich zu dem Schluss führt, dass ich eine Macke entwickeln muss, wie sie Berühmtheiten oft haben. Ich glaube zwar, dass Autor*innen weniger anspruchsvoll sind als französische Schauspieler*innen, aber für den Fall, dass eine Agentin mich vertreten will, brauche ich einen Tick. Vielleicht verschwinde ich von Zeit zu Zeit, ohne eine Nachricht zu hinterlassen, schließe mich in einem Haus hoch oben in den toskanischen Bergen ein, um in Gesellschaft von Nildo mein Meisterwerk zu schreiben — ohne ihn würde ich schließlich verhungern.

Der Nachmittag meines perfekten Tages ist der Korrespondenz gewidmet. Ich beantworte Fan-Mails und schreibe Briefe, um sie per Post an Rita und Manuela zu schicken, denn Briefe zu schreiben wie früher ist viel romantischer; mit meinem Labrador durch die Felder spazieren zu gehen steht auch auf der Tagesordnung, denn es ist wichtig, sich an der frischen Luft zu bewegen. Um ehrlich zu sein, würde ich meine Nachmittage am liebsten vor dem Fernseher verbringen — natürlich um zu recherchieren, um zu wissen, was gerade in Mode ist, für welche Art von Geschichten sich das Publikum interessiert. Aber den Nachmittag auf dem Sofa zu verbringen, klingt nicht gerade glamourös.

Ich hatte schon immer eine Hassliebe zu meinem Fernsehgerät. Ich schaue viel zu gerne Filme und Serien, was dazu führt, dass ich stundenlang vor dem Zauberkasten sitze, ohne mich zu beschweren und fast ohne mich zu bewegen. Für jemanden, der viel schreiben will, ist das überhaupt nicht gut, was dazu führte, dass ich Schuldgefühle entwickelte, immer wenn ich meine Zeit vor dem Gerät verschwendete. So wie Menschen eine Essstörung entwickeln, habe ich wohl eine Störung mit meinem Fernseher entwickelt. Eine Fernsehstörung. Nein, das hört sich nicht gut an.

Na verdade, não tenho agente, mas desde que assisti a uma série francesa com o título *call my agent* fico imaginando as peripécias em que me meteria com minha agente imaginária, o que me leva à conclusão de que devia desenvolver alguma mania estranha, que pessoas famosas normalmente tem. Acredito que autores e autoras sejam menos exigentes do que atores e atoras franceses, mas para o caso de uma agente querer me representar preciso de um tique. Talvez eu suma de vez em quando, desapareça sem dar notícias, me tranque em alguma casa no alto das montanhas da Toscana pra escrever minha obra prima na companhia do Nildo – afinal sem ele eu morreria de fome.

A tarde do meu dia perfeito é dedicada à correspondência. Respondo a e-mails de fãs e escrevo cartas para serem mandados pelo correio para Rita e Manuela, afinal escrever cartas como antigamente é bem mais romântico; passear com meu cão labrador pelas planícies também está na lista, porque é importante se exercitar ao ar livre. Para ser sincera, acho que adoraria passar minhas tardes assistindo TV – para pesquisar é claro, saber o que está na moda, qual o tipo de história o público está interessado. Mas passar a tarde no sofá não soa nada glamoroso.

Sempre tive uma relação de amor e ódio com meu aparelho de TV. Adoro demais assistir a filmes e séries o que me leva a sentar por horas a fio a frente à caixinha mágica sem reclamar e quase sem me mover. Para quem quer escrever bastante isso não é nada bom, o que me levou a desenvolver sentimento de culpa por desperdiçar minhas horas em frente ao aparelho. Assim como pessoas desenvolvem distúrbios com comida, acho que desenvolvi um distúrbio com meu aparelho de TV. Um distúrbio televisivo. Não, isso não soa bem.

Mein perfekter Tag neigt sich dem Ende zu, und ich habe keine Lust auf Partys oder Lesungen in alten Bibliotheken, keine Lust auf eine Preisverleihung in einem historischen Saal, in dem Kellner mit Tabletts voller Sektgläser herumgehen. Nein. Ich will zu Hause sein, unter meiner Decke. Der perfekte Abend: Ich gehe früh ins Bett, weil ich gerne schlafe, und am nächsten Tag möchte ich mich einem Schreibmarathon widmen, denn ja, in der perfekten Welt widme ich mich dem Schreiben von zehntausend Wörtern pro Tag.

Was habe ich bei dieser Übung über den perfekten Tag gelernt? Was mir wirklich Freude bereitet, ist das Schreiben und die Vorstellung, eine Geschichte als Samenkorn zu sehen und die Möglichkeit, sie wachsen zu sehen, jeden Tag zu schreiben, trotz der Schwierigkeiten, die mit dieser Entscheidung verbunden sind. Ja, wenn ich an meinen perfekten Tag denke, dann habe ich Zeit und widme mich dem Schreiben. Ich sehne mich nicht nach weltweiter Veröffentlichung und wunderbaren Kritiken, ich sehe mich im Kampf mit meinem Text und im Prozess der Verfeinerung und Verbesserung der Erzählung wie eine Hebamme, die jeder einzelnen Geschichte hilft, das Licht der Welt zu erblicken. Ich komme zu dem Schluss, dass ich den Hindernissen und Misserfolgen weniger Aufmerksamkeit schenken sollte und an dem festhalten sollte, was mir guttut. Wenn ich es mir recht überlege, ist mein perfekter Tag schon heute Realität, hier und jetzt, weil das Schreiben bereits Teil meines Lebens ist.

Meu dia perfeito está chegando ao fim e não desejo festas ou saraus em bibliotecas antigas, não desejo receber algum prêmio num salão histórico, enquanto garçons passam com bandejas cheias de taças de champanhe. Não. Quero estar em casa, embaixo das minhas cobertas. A noite perfeita: vou dormir cedo, pois adoro dormir e no outro dia quero me dedicar a uma maratona de escrita, pois sim, no mundo perfeito eu me dedico escrever dez mil palavras por dia.

O que aprendi com esse exercício sobre o dia perfeito? Que o que realmente me dá satisfação é a escrita e imaginar uma história como sementinha e a possibilidade de vê-la crescer, escrever todos os dias mesmo com as dificuldades atreladas à essa decisão. Sim, quando penso no meu dia perfeito, tenho tempo e me dedico à escrita. Não me vejo publicando mundialmente e recebendo críticas maravilhosas, me vejo no embate com meu texto, e no processo de polir e melhorar a história como uma parteira ajudando cada história a ver a luz do dia. Concluo que devo dar menos atenção aos obstáculos e às quedas e me agarrar naquilo que funciona para mim. Pensando bem, meu dia perfeito já é uma realidade, aqui e agora, porque escrever já faz parte da minha vida.

Kaffee und Kuchen

Rita lud mich zu Kaffee und Kuchen in ihrem Haus ein. Sie hatte Maiskuchen gebacken, da konnte ich nicht widerstehen. Ihre Kinder sahen im Wohnzimmer fern. Es duftete nach frischem Kaffee. Wir setzten uns an den Küchentisch. Rita schnitt ein Stück Kuchen ab und füllte meine Tasse mit Kaffee.

»Hast du dich schon erholt?«, fragte ich. »Wirst du Veronika um einen neuen Job bitten?«

Rita seufzte und spielte mit dem Stück Kuchen auf ihrem Teller.

»Glaubst du, Veronika wird mir nach diesem Fiasko noch eine Chance geben?«

Als ich an das Fiasko dachte, begann ich zu lachen.

»Das ist überhaupt nicht lustig«, sagte Rita verärgert.

»Es tut mir leid, Rita, aber es ist lustig, ich kann mir den Gesichtsausdruck von Frau Dr. Sauerwein vorstellen, als sie den haarigen Hintern von Herrn Hetz sah.«

Rita sah mich mit hochgezogenen Augenbrauen an.

»Woher weißt du, dass der Hintern von Herrn Hetz haarig ist?«

Ich lachte noch lauter und Rita schüttelte den Kopf.

»Und du willst ernsthaft Schriftstellerin werden?«, fragte sie, da sie das Thema wechseln wollte.

»Das war schon immer meine Bestimmung«, antwortete ich nun ernst.

»Aber warum unabhängig veröffentlichen?«

»Hallo!? Meine Texte veröffentlichen und kaum Geld damit verdienen? Das schaffe ich alleine.«

»Mädchen, bei dir ist eine Schraube locker.«

»Im Ernst, Rita, wir leben in einer wunderbaren Zeit. Als Autorin habe ich nicht nur die Freiheit, die Geschichten zu schreiben, die ich will und wie ich will, sondern auch, sie selbst zu veröffentlichen, ohne dass mir jemand vorschreibt, was ich tun darf und was nicht. Abgesehen vom finanziellen Aspekt.«

Rita nickte. Ich steckte ein Stück Kuchen in den Mund. Es schmeckte köstlich nach Mais.

Café com bolo

Rita me convidou para um café com bolo na casa dela. Ela havia assado bolo de fubá, então não pude resistir. As crianças dela assistiam TV na sala. Cheirava a café fresco. Nós nos sentamos à mesa da cozinha. Rita cortou um pedaço de bolo e encheu minha xícara com café.

— Já se recuperou? — perguntei — Vai pedir outro trabalho a Veronica?

Rita suspirou, brincado com o pedaço de bolo no prato dela.

— Acha que Veronica vai me dar outra oportunidade, após aquele fiasco?

Pensei no fiasco e comecei a rir.

— Isso não é nada engraçado — disse Rita aborrecida.

— Me desculpe, Rita, mas é engraçado, imagino a cara da Dra. Sauerwein quando viu o traseiro peludo do senhor Hetz.

Rita me olhou com as sobrancelhas levantadas.

— Como você sabe que o traseiro do senhor Hetz é cabeludo?

Ri ainda mais alto e Rita abanou a cabeça.

— E você vai levar a sério essa história de se tornar escritora? — perguntou ela, querendo mudar de assunto.

— Sempre foi meu destino — respondi agora séria.

— Mas por que publicar de forma independente?

— Sério!? Publicar meus textos e mal ganhar dinheiro com eles? Consigo isso sozinha.

— Garota, você tem um parafuso há menos.

— Falando sério, Rita, vivemos numa época maravilhosa. Como autora tenho liberdade de não só de escrever as histórias que quero, do jeito que quero, como publicá-las eu mesma, sem que ninguém me diga o que posso e não posso fazer. Além do aspecto financeiro.

Rita assentiu. Enfiei um pedaço de bolo na boca. Tinha um gosto delicioso de milho.

»Aber hast du«, fragte Rita, »deine Angst vor Kritik überwunden?«

»Es ist keine Angst. Ich werde nur etwas aufgeregt, wenn mich fremde Leute immer wieder kritisch beäugen. Das ist so, als wäre ich Herr Hetz mit heruntergelassenen Hosen in der Praxis von Dr. Sauerwein.«

»An diese Geschichte wirst du dich für den Rest deines Lebens erinnern, nicht wahr? Pass auf! Du wirst dieses Geschehen in deinem Buch nicht erwähnen.«

»Oh, bitte! Du bist auf meiner Danksagungsseite.«

Rita schüttelte vehement den Kopf.

»Wenn ich ins Buch komme, dann nur anonym, verstanden?«

Ich nickte und aß ein Stück Kuchen. Rita sagte:

»Ich habe eine der Rezensionen gelesen und der Blogger71 schreibt, dein Buch sei hervorragend dafür geeignet, um es im Wartezimmer zu lesen.«

Ich habe kurz innegehalten.

»Wartezimmerlektüre?«, fragte ich.

»Ist das gut?«

Ich dachte darüber nach. Was ist eine Wartezimmerlektüre?

Zuerst, man sitzt im Wartezimmer umgeben von lauter Fremden. Kinder schreien oder spielen oder spielen und schreien. Das Letzte, was man will ist lesen. Man will, dass die Arzthelferin einen aufruft: »Frau Müller-Lüdenscheidt, Herr Dr. Klöbner, bitte kommen«.

Man will eine Spritze oder betastet werden.

Aber wenn man doch einen Text in den Händen hat und davon gefesselt wird. Dann vergisst man die fremden Leute, die öfter genervt auf die Uhr gucken. Wenn die ganze Aufmerksamkeit der Geschichte gilt, dann hat der Autor oder die Autorin solcher Wartezimmerlektüre etwas Großartiges geschaffen.

»Weißt du was, Rita? Herausforderung angenommen! Ich möchte solche Texte schreiben.«

»Dann solltest du für ein Magazin schreiben.«

»Nein, ich meine es ernst. Kurz, leicht zu lesen und unterhaltsam. Wenn ich das schaffe, werde ich stolz darauf sein. Es sollte auf meinem Cover stehen: Als Wartezimmerlektüre empfohlen.«

Rita schüttelte erneut den Kopf und ich schaute sie an.

»Apropos Rezensionen, hast du deine schon geschrieben?«

— Mas você —perguntou Rita — já superou seu medo de críticas?

— Não é medo. Só fico um pouco ansiosa quando pessoas estranhas ficam me escrutinando. É como se eu fosse senhor Hetz com as calças abaixadas no consultório de Dra. Sauerwein.

— Vai lembrar dessa história pelo resto de sua vida, não é? Preste atenção! Não vai usar esse episódio no seu livro.

— Ah, por favor! Vou te mencionar na página de agradecimento.

Rita abanou a cabeça de modo veemente.

— Se eu entrar no livro, então anônima, está ouvindo?

Assenti e comi um pedaço de bolo. Rita perguntou:

— Li uma das resenhas e blogger71 dizia que seu livro era excelente para ler na sala de espera.

Fiz uma pausa por um momento.

— Leitura de sala de espera? — perguntei.

— Isso é bom?

Eu refleti. O que é uma leitura de sala de espera?

Primeiro, a pessoa se senta na sala de espera cercado por pessoas estranhas e barulhentas. Crianças gritam e brincam ou brincam e gritam. A última coisa que a pessoa quer fazer é ler. Ela quer que o assistente do médico lhe chame: — Senhora Müller-Lüdenscheidt, Dra. Klöbner, por favor, entre.

Quer uma injeção ou ser apalpada.

Mas quando a pessoa se vê com um texto em suas mãos e não consegue largá-lo. Então se esquece dos estranhos, que olham irritados para seus relógios. Toda a atenção está voltada para a história, então o autor de tal leitura na sala de espera criou algo grandioso.

— Sabe de uma coisa, Rita? Desafio aceito! Quero escrever textos assim.

— Então devia escrever para uma revista.

— Não, estou falando sério. Curto, fácil de ler e divertido. Se eu conseguir isso, ficarei orgulhosa. Vou querer na minha capa: recomendado como leitura de sala de espera.

Rita voltou a abanar a cabeça e eu a encarei.

— Por falar em resenha, já escreveu a sua?

Instagram

Als ich mehr und mehr Zeit dem Schreiben und der Konzepterstellung meiner Bücher und meines unabhängigen Verlags *cgfernandes* widmete, vernachlässigte ich meinen *Instagram-Account*. Manuela rief mich über Signal an. Sie war sehr beschäftigt damit, eine IT-Lösung für ein Projekt zu entwickeln. Trotzdem machte sie sich Sorgen um mich.

»Chris, du brauchst neue Fotos für deinen Instagram-Account. Du weißt, wie wichtig soziale Medien für deine Marketingstrategie sind.«

Natürlich wusste ich das, aber erstens: Ich hatte keine richtige Marketingstrategie. Zweitens: Für die Verbreitung meiner Marke waren Bücher wichtiger. Also musste ich sie zuerst schreiben und sie dann vermarkten. Manuela akzeptierte meine Argumente nicht. Als erfolgreiche berufstätige Frau war sie überzeugt davon, man müsse Multitasking beherrschen.

»Ich kenne eine tolle Fotografin«, sagte sie, »die macht dir einen Sonderpreis.«

»Ich dachte, du bist meine Freundin, warum machst du nicht die Fotos? Gratis?«

»Wir brauchen einen Profi.«

Ich wusste nicht, ob ich diese Antwort im positiven Sinne verstehen sollte – dass Manuela meine Karriere fördern wollte, indem sie vorschlug, eine professionelle Fotografin zu engagieren. Oder im negativen Sinne – dass meine aktuellen Fotos amateurhaft wirkten und nur ein Profi die Situation verbessern konnte.

»Ich werde einen Termin mit ihr vereinbaren, okay?«, sagte Manuela, als wäre sie meine Agentin.

Am nächsten Tag schickte mir die Fotografin eine SMS mit dem Vorschlag, sie am nächsten Freitag vor dem Brunnen am Marktplatz in Erlangen zu treffen. Sie schrieb auch, dass sie keinen Wert auf langweilige Posen und künstliches Lächeln lege. Die Fotos würden fan-tas-tic aussehen.

Istagram

Como estava dedicando mais e mais tempo à escrita e a divulgação dos meus livros e da minha editora independente *cgfernandes*, estava negligenciando minha conta no *Instagram*. Manuela me ligou pelo *Signal*. Ela estava muito ocupada desenvolvendo uma solução de TI para um projeto. No entanto, ela estava preocupada comigo.

— Chris, você precisa de fotos novas para seu *Instagram*. Sabe como as mídias sociais são importantes para sua estratégia de marketing.

Claro que eu sabia, mas primeiro: eu não tinha uma estratégia de marketing de verdade. Segundo: para divulgar minha marca, livros eram mais importantes. Então tinha que primeiro escrevê-los, e então poderia divulgá-los. Manuela não aceitou meus argumentos. Como uma mulher profissional de sucesso, ela estava convencida da necessidade de se fazer várias coisas ao mesmo tempo.

— Conheço uma fotógrafa excelente — disse ela — que vai fazer um preço especial pra você.

— Achei que você fosse minha amiga, por que você não tira as fotos? Grátis?

— Precisamos de um profissional.

Não sei se devia aceitar essa resposta no bom sentido - Que Manuela quisesse incentivar minha carreira ao sugerir contratar uma fotógrafa profissional. Ou no mau sentido - Que minhas fotos atuais fossem amadoras e que apenas uma profissional conseguiria melhorar a situação.

— Então vou marcar com ela, tá? — disse Manuela como se fosse minha agente.

No dia seguinte a fotógrafa me enviou um SMS sugerindo que me encontrasse com ela na próxima sexta-feira em frente ao chafariz da praça do mercado em Erlangen. Ela também escreveu que não queria saber de poses entediante e sorriso artificial. As fotos ficariam fan-tas-tic.

Am Freitag wachte ich früh auf und betrachtete mich im Spiegel. Ich dachte, dass mein müdes Gesicht und die Falten um meine Augen dem Gegenteil von fantastisch entsprachen — Älterwerden ist echt Scheiße!

Am Nachmittag traf ich Manuelas Fotografenfreundin auf dem Marktplatz. Rita begleitete mich mit einem kleinen Koffer voller Make-up-Produkte.

»Sind Sie Chris Gomes? Mein Name ist Ina. Ihr lockiges Haar wird auf den Fotos sensationell aussehen.«

Ina war eine junge Frau in ihren Zwanzigern mit grünen Haaren und Piercings im Gesicht.

»Wo sollen wir die Fotos machen?«, fragte ich.

»Wie wäre es mit ein paar hier? Schießen wir eines mit dem Markgrafendenkmal und andere im Schlosspark.«

Ich war einverstanden und Ina schaute mich mit einem durchdringenden Blick an.

»Was ist?«, fragte ich, weil ich dachte, ich hätte ein Stück Zwiebel im Gesicht. Ich hätte keinen Döner zu Mittag essen sollen.

»Ich kann deine Falten mit *Photoshop* verschwinden lassen, wenn du willst.«

Wow, wenn ich einen Schlag in den Magen bekommen hätte, hätte es weniger weh getan. Rita muss bemerkt haben, dass ich nicht in der Lage war, Entscheidungen zu treffen, denn sie zeigte auf den kleinen Koffer.

»Ein bisschen Make-up wirkt Wunder.«

Make-up und *Photoshop* — alles, was man für ein Wunder braucht.

»Weißt du was?«, sagte ich. »Schriftstellerinnen müssen ansprechbar bleiben, sie müssen Menschen sein. Ich möchte etwas Make-up. Vergessen wir *Photoshop*.«

Ina gratulierte mir zu meinem Mut. Fotos mit diesem Gesicht zu machen und nichts zu retuschieren? Ich brauchte einen Moment, um mich von dieser Bemerkung zu erholen. Meine Beweggründe waren weniger edel. Stellen Sie sich vor, meine Leserinnen und meine Leser sehen meine Fotos auf *Insta* und dann komme ich persönlich zu einer Lesung. Ich werde mit diesem Gesicht auftauchen und ich möchte nicht, dass die Enttäuschung groß ist: Hat diese Hexe die großartige Autorin verschluckt, die wir auf *Insta* lieben gelernt haben?

Na sexta-feira acordei cedo e me contemplei no espelho. Pensei que meu rosto cansado e as rugas ao redor dos olhos eram o oposto de fantástico – envelhecer é uma bosta.

Encontrei a fotógrafa amiga de Manuela à tardinha na praça do mercado. Rita me acompanhava com uma maletinha cheia de produtos de maquiagem.

— Você é Chris Gomes? Meu nome é Ina. Seu cabelo cacheado vai ficar sensacional nas fotos.

Ina era uma jovem de vinte e poucos anos com cabelos verdes e *piercings* no rosto.

— Onde vamos tirar as fotos? — perguntei.

— Que tal algumas aqui? Tiramos uma com o monumento do marquês e outras no parque do palácio.

Concordei e Ina me encarou com um olhar penetrante.

— O que foi? — perguntei, achando que havia um pedaço de cebola no meu rosto. Não devia ter comido *kebab* no almoço.

— Posso sumir com suas imperfeições com *photoshop*, se você quiser.

Uau, se eu tivesse recebido um soco no estômago teria doído menos. Rita deve ter notado que eu não estava em condições de tomar decisões, pois ela apontou para a maletinha.

— Um pouco de maquiagem faz milagres.

Maquiagem e *Photoshop* a combinação perfeita para milagres.

— Quer saber? — eu disse — Escritoras precisam permanece acessíveis, gente do povo. Vou querer um pouco de maquiagem. Vamos esquecer *Photoshop*.

Ina me parabenizou pela minha coragem. Tirar fotos com essa cara e não fazer nenhum retoque? Precisei de um momento para me recompor desse comentário. Meus motivos eram menos nobres. Imagine minhas leitoras e meus leitores vendo minhas fotos no *Insta* e então apareço pessoalmente para uma leitura. Vou aparecer com essa cara e não quero que a decepção seja enorme: será que essa bruxa engoliu aquela autora linda que aprendemos a amar no *Insta*?

»Wie wäre es mit einer umgekehrten Taktik?«, fragte ich. »Fotografiere das Profil, das mir nicht gefällt, und übertreibe mit den Falten, damit alle, wenn sie mich persönlich treffen, erstaunt sind und mich für wunderhübsch halten.«

Ina hasste die Idee und Rita auch.

»Also gut«, sagte Ina, »lass uns die Fotos machen, wir haben nicht den ganzen Tag Zeit.«

Im Zeitalter von *Instagram* und Co. muss man an alles denken. Die Farbe des Outfits muss mit dem *Feed* harmonieren. Haare, Hintergrundlandschaft, *Feed, Feed, Feed*. Auch die Inszenierung muss etwas Besonderes haben, nur kein langweiliges Foto. Ich versuchte also die Statue des Markgrafen Friedrich zu umarmen, was sich als ziemlich unangenehm herausstellte.

»Lass uns in den Schlosspark gehen«, schlug Ina vor und ging, ohne auf eine Antwort zu warten.

Rita und ich gingen ihr hinterher. Ich trug eine rote Bluse, denn ich liebe Rot. Viele Menschen spazierten durch den Schlosspark. Aus dem Springbrunnen sprudelte Wasser. Ina deutete in die Nähe der Steinstatuen.

»Warum setzt du dich nicht auf den Boden?«

Ich wollte antworten, dass ich auf dem Boden nichts zu suchen hätte, aber Rita war auch der Meinung, dass das Foto gut aussehen würde. Ich setzte mich also auf den Boden und lächelte, obwohl die Kieselsteine meinen Hintern piekten und das ziemlich schmerzhaft war.

»Mehr zur Seite«, sagte Ina und machte mehrere Fotos mit ihrer professionellen Kamera.

Ich rutschte ein wenig zur Seite.

»Zu der anderen.«

Ich rutschte zu der anderen.

»Nein, so nicht, und was ist das für ein Gesicht?«

Na, welches Gesicht? Verdammt. Was hat Ina erwartet? Ich bin keine Masochistin. Ich saß auf winzigen Kieselsteinen, die mir am Hintern wehtaten.

»Lächeln, Chris!«

— Que tal se usarmos uma tática reversa? — perguntei — Fotografar o perfil que não gosto, exagerar nas rugas, assim quando me encontrarem pessoalmente todos irão se espantar e vão me achar linda.

Ina detestou ideia e Rita também.

— Muito bem — disse Ina — Vamos tirar essas fotos, não temos o dia inteiro.

Nessa era de *Instagram* e *Co.* é preciso pensar em tudo. A cor da roupa precisa harmonizar com o *feed.* Cabelo, paisagem de fundo, *feed, feed, feed.* Além disso, a encenação tem que ter algo a mais, nada de foto sem graça. Por isso eu tentava abraçar a estátua do marquês Friedrich, o que se revelou algo bem desconfortável.

— Vamos ao parque do palácio — Ina sugeriu e caminhou na frente, sem esperar por uma resposta.

Rita e eu fomos atrás dela. Eu usava blusa vermelha, afinal adoro vermelho. Muitas pessoas caminhavam pelo parque. Água jorrava do chafariz. Ina apontou para perto das estátuas de pedra.

— Por que você não se senta no chão?

Queria responder que o chão não era meu lugar, mas Rita também achou que a foto ficaria ótima. Assim me sentei no chão e sorri, embora as pedrinhas estivessem espetando meu traseiro e isso era bastante doloroso.

— Mais para o lado — disse Ina tirando várias fotos com sua câmera profissional.

Fui mais para o lado.

— Para o outro.

Fui para o outro.

— Não, assim não, e que cara é essa?

Ora que cara? Cascalhos. O que Ina esperava? Não sou masoquista. Estava sentada sobre pedrinhas minúsculas que feriam meu traseiro.

— Sorria, Chris!

Ich lächelte. Ich dachte, ich hätte eine Stellung gefunden, in der ich den stechenden Schmerz der Kieselsteine auf meiner Haut ignorieren konnte. Dann spürte ich, wie etwas an meinen Beinen hochkrabbelte, und mit Schrecken stellte ich fest, dass der Boden mit schwarzen Ameisen übersät war. Ich sprang auf.

»Das ist super, Chris!«, sagte Ina aufgeregt. »Weiter so, Bewegung. Lass uns springen!«

Ich hüpfte und fragte mich währenddessen, ob das wirklich eine gute Idee war, denn meine Bluse rutschte hoch, mein Haar verdeckte mein Gesicht, und meine Arme bewegten sich ungraziös. Es dauerte nicht lange, da war ich außer Atem, schwitzte und mein Make-up schmolz zusammen mit meiner Überzeugung, dass eine ernsthafte Schriftstellerin sich so verhalten würde.

»Sind die Bilder gut geworden?«, fragte ich atemlos.

Fantastische Fotos wären zumindest ein Trostpflaster.

Ina sah sich die Bilder auf dem winzigen Bildschirm ihrer Kamera lange an.

»Hast du morgen Zeit?«, fragte sie mich und machte mir damit klar, dass meine Bemühungen umsonst gewesen waren und wir den Fototermin wiederholen müssten.

Sorri. Achei que havia encontrado uma posição em que podia ignorar a dor penetrante das pedrinhas contra minha pele. Então senti algo subindo pelas pernas e horrorizada me dei conta de que o chão estava repleto de formigas negras. Me levantei num pulo.

— Isso mesmo, Chris — disse Ina toda empolgada — É isso mesmo que quero, movimento. Vamos pular.

Pulei, me perguntando se isso realmente era boa ideia, afinal a blusa subia, o cabelo escondia meu rosto, meus braços se moviam sem a menor graciosidade. Não demorou muito e estava sem fôlego, suava e a maquiagem derretia junto com a minha convicção de que uma escritora séria se comportaria daquela maneira.

— As fotos ficaram boas? — perguntei ofegante.

Fotos fantásticas seriam pelo menos um consolo.

Ina levou um bom tempo olhando para as fotos na tela minúscula de sua câmera.

— Você está livre amanhã? — ela me perguntou, deixando claro que meu esforço havia sido em vão e que precisaríamos repetir a sessão de fotos.

Brasilien x Deutschland

Die neuen Fotos auf *Instagram* hatten etwas gebracht. Eine deutsche Online-Zeitung bat mich, einige Artikel über die kulturellen Unterschiede, die es in Brasilien und Deutschland gibt, zu schreiben. Hier folgen ein paar von ihnen:

Verabredungen

Ich stelle mir vor, dass ich, wenn ich wieder in Brasilien bin, ein Treffen mit meinen Freundinnen und Freunden planen werde. Tag und Uhrzeit. Etwa so: Maria Clara, wie wäre es, wenn wir uns am Freitag um halb acht vor der *Churrascaria* – dem Steakhaus – am Strand von Botafogo treffen? Maria Clara sieht sich die Nachricht an, ohne den Sinn zu verstehen, und schickt mir zwei Minuten später die Antwort: Wenn du ankommst, rufe mich bitte an! Übersetzt: Wenn das Schicksal will, dass wir uns treffen, werden wir es tun.

Ich werde es nicht seltsam finden, wenn meine Freundinnen mir Nachrichten mit staunenden *Smileys* schicken und schreiben, wie sehr ich mich verändert habe und wie ›deutsch‹ ich geworden bin. Und das ist sicherlich nicht als Kompliment gemeint.

Einmal lud uns ein Freund von Nildo ein, ihn zu treffen, und zwar genau ein Jahr später, am 29. Juli um 18.00 Uhr. Wirklich? Nächstes Jahr? Ich weiß nicht einmal, ob es die Welt bis dahin noch geben wird. Vielleicht habe ich mich von Nildo getrennt oder ich bin nach Tibet gezogen, um eine Kung-Fu-Nonne zu werden.

Aber vielleicht hat es ja auch etwas Gutes, sich mit Leuten zu verabreden und sicher zu sein, dass sie nicht nur erscheinen, sondern auch pünktlich sein werden.

Brasil x Alemanha

As novas fotos no *Instagram* acabaram dando resultado. Um jornal online alemão me pediu para escrever algumas matérias sobre as diferenças culturais entre Brasil e Alemanha. Aqui algumas delas:

Encontros

Imagino que quando voltar ao Brasil vou planejar os encontros com minhas amigas e meus amigos. Dia e hora. Tipo assim: Maria Clara, que acha de nos encontrarmos na sexta-feira às sete e meia em frente à churrascaria da praia de Botafogo? Maria Clara olhará para mensagem sem entender o significado e vai me enviar a resposta dois minutos depois: Quando chegar, você me liga. Traduzindo: Se o destino quiser que nos encontremos, vamos nos encontrar.

Não acharei estranho se minhas amigas me enviarem mensagens com *smiley* espantados comentando como mudei e me tornei "alemã". E isso com certeza não será um elogio.

Uma vez um amigo do Nildo nos convidou para encontrar com ele, um ano depois no dia 29 de julho às 18 horas. Sério? Ano que vem? Nem sei se o mundo vai existir até lá. Talvez eu tenha me separado do Nildo ou me mudado para o Tibete para me tornar uma monja kung-fu.

Mas talvez haja algo de bom em marcar encontros com as pessoas e ter certeza de que, não apenas eles vão aparecer, como vão aparecer na hora marcada.

Als ich in Brasilien Freundinnen und Freunde zu meinem Geburtstag einlud, antwortete kaum jemand. Wie viele Gäste werden am Tag der Party auftauchen? Es ist immer eine Überraschung. Ich habe dreißig eingeladen und drei von ihnen sind gekommen. Im folgenden Jahr lud ich zehn ein und fünfzig kamen durch die Tür meines Hauses.

In Deutschland muss eine Einladung im Voraus beantwortet werden, das gehört zum guten Ton. Wenn der Gast sagt, dass er kommt, kann er es sich nicht in letzter Minute anders überlegen. In Deutschland ändert man seine Meinung nur, wenn der Gastgeber genügend Zeit hat, seine Pläne zu ändern. Wenn der Gast sagt, dass er nicht kommt, sollte er nicht unerwartet auftauchen – er wird kein Essen bekommen.

Wenn in Brasilien eingeladene Freund*innen nicht auftauchen, entschuldigen sie sich nicht einmal. Schließlich ist nicht viel passiert, und der Gastgeber selbst hat schon einige Partys in seinem Leben ohne Vorankündigung ignoriert. Am Ende ist niemand beleidigt. Ob man in Deutschland befürchten muss, auf der Liste der ›*Persona non grata*‹ zu landen? Wahrscheinlich. Ich kann es nicht bestätigen, da ich in Deutschland immer erscheine, auch wenn nicht unbedingt pünktlich.

No Brasil quando eu convidava amigas e amigos para meu aniversário, quase ninguém dava resposta. Quantos convidados vão aparecer no dia da festa? É sempre uma surpresa. Já convidei trinta e três apareceram. No ano seguinte convidei dez e cinquenta entraram pelos portões da minha casa.

Na Alemanha um convite precisa ser respondido previamente, faz parte das boas maneiras. Se o convidado diz que vai, nada disso de mudar de ideia na última hora. Pessoas só mudam de ideia na Alemanha com tempo prévio suficiente para o anfitrião reorganizar seus planos. Se o convidado diz que não vai, nada disso de aparecer de surpresa — vai ficar sem comida.

No Brasil se pessoas convidadas não aparecem, nem se dão ao trabalho de se desculpar. Afinal, nada demais aconteceu e o próprio anfitrião já ignorou sem aviso prévio alguma festa em sua vida. No final ninguém fica ofendido.

Se é preciso ter medo de acabar na lista de "*persona non grata*" na Alemanha? Provavelmente. Não posso confirmar porque na Alemanha sempre apareço, mesmo que não necessariamente na hora marcada.

Dunkelheit

Meine Freundinnen in Brasilien können nicht verstehen, wie ich an einem so kalten Ort leben kann. Es ist wahr, dass Menschen in Rio de Janeiro bei sechzehn Grad Celsius einen Wintermantel tragen. Wenn ich Fotos poste, auf denen überall Schnee zu sehen ist, fragen sie mich, ob ich den ganzen Winter über zu Hause eingesperrt bleibe. Ich antworte, dass es hier, wo ich lebe, Wochen gibt, in denen es sehr kalt ist, aber es gibt Orte mit viel strengeren Wintern, und selbst dort versuchen die Menschen, ein normales Leben zu führen.

Was mich im Winter wirklich stört, ist nicht die Kälte, sondern die Dunkelheit. Es ist drei Uhr nachmittags und das Licht beginnt sich zu verändern. Um vier Uhr scheint es sechs Uhr zu sein, und um fünf Uhr glaubt man, es sei zehn Uhr abends.

Gegen Kälte kann man geeignete Kleidung tragen und die Heizung aufdrehen, aber gegen Dunkelheit gibt es keine Lösung, außer sich eine Lampe zu kaufen.

Wenn es draußen dunkel wird, gehe ich früh nach Hause und mache es mir gemütlich mit einem heißen Tee und einem Marathon meiner Lieblingsserie. Es besteht auch die Möglichkeit, nach Brasilien zu reisen, denn während in Deutschland Winter ist, ist in Brasilien Sommer. Es lohnt sich auf jeden Fall, der Dunkelheit keine Macht zu geben, dem Kinderschreck, der uns wie die *Dementoren* in Harry Potter unsere Energie und Hoffnung rauben will, und wie bei Harry Potter lohnt es sich, den mächtigsten aller Zaubertricks anzuwenden: die Erinnerung an glückliche Momente, an sonnige Tage und an die Menschen, die uns lieben. Und mit diesem Zauber werden wir die Wintermonate geschützt überstehen.

Eigentlich sollte ich mich nicht über den Winter beschweren, schließlich sind Kälte und Dunkelheit die perfekten Ausreden, um stundenlang Geschichten zu erfinden. Ich bekomme die Erlaubnis, mich in einen Winterschlaf zu begeben und mich mit meinem Laptop oder meinen Notizbüchern in einem Raum einzuschließen.

Escuridão

Minhas amigas no Brasil não conseguem entender como vivo num lugar tão frio. É verdade que as pessoas no Rio de Janeiro usam casacos de inverno quando está fazendo dezesseis graus Celsius. Quando posto fotos com neve para todos os lados, elas me perguntam se vou passar o inverno todo trancada em casa. Respondo que aqui, onde moro, há semanas em que faz muito frio, mas há lugares com invernos muito mais rigorosos, e mesmo nesses lugares as pessoas tentam manter uma vida normal.

O que realmente me incomoda no inverno não é o frio e sim a escuridão. Três horas da tarde e a luz começa a mudar. Às quatro parece que são seis e às cinco, você acha que são dez horas da noite.

Contra o frio é possível se usar roupas adequadas e ligar a calefação, mas contra escuridão não há solução, a não ser comprar uma lâmpada.

Quando escurece lá fora, vou para casa cedo e me aconchego com um chá quente e uma maratona da minha série favorita. Há também a opção de viajar para o Brasil, já que durante o inverno na Alemanha, é verão no Brasil. De qualquer forma, vale tudo para não sucumbir ao escuro, ao bicho papão que quer nos agarrar e como os *Dementadores* de Harry Potter sugar nossa energia e esperança, e como em Harry Potter vale a pena usar do mais poderoso dos truques mágicos: Nos lembrar de momentos felizes, dos dias ensolarados e das pessoas que nos amam. E com essa magia sobreviveremos protegidos aos meses de inverno.

Na verdade, não devia reclamar do inverno, afinal o frio e a escuridão são as desculpas perfeitas para passar longas horas imaginando histórias. Recebo permissão para hibernar e me trancar em algum quarto com laptop ou meus cadernos de anotações.

Im Sommer ist es für mich wie eine Verpflichtung, den Tag zu genießen, frische Luft zu schnappen und Sonne zu tanken. Ich habe sogar ein schlechtes Gewissen, wenn ich an einem sonnigen Sommertag den ganzen Tag in meiner Wohnung verbringe, ohne einen Spaziergang im Freien zu machen. Im Winter gibt es keine Schuldgefühle. Ich darf mich einschließen, und wenn die Dunkelheit den Kampf gegen das Licht gewinnt, finde ich Zuflucht in den fernen Ländern, die ich in meiner Vorstellung heraufbeschwöre.

Die Stadt, in denen meine humorvollen Krimis spielen und in denen ich Adriana, Michael und *Delegado* Silva treffe, hat wenig Ähnlichkeit mit der realen Stadt, und das Beste an der Fiktion ist, dass die Nachbarschaft gefährlich sein kann oder auch nicht; das ist alles eine Frage der Wahl. Die Figuren können sich aufhängen oder durch die Straßen tanzen und kitschige Songs singen. Diejenigen, die meine Bücher kennen, wissen, dass ich eher zu der zweiten Option neige. Wenn ich eine bessere Welt schaffen kann, warum sollte ich mir dann einen deprimierenden Ort aussuchen? Die Realität ist deprimierend genug. In meiner Fiktion scheint die Sonne das ganze Jahr über.

No verão é como se tivesse obrigação de aproveitar o dia, respirar ar puro e tomar sol. Me sinto até mesmo culpada se num dia ensolarado de verão passo o dia dentro do meu apartamento sem dar um passeio pela minha vizinhança. No inverno não há sentimento de culpa. Tenho permissão para me trancar e, quando pela janela a escuridão vence a batalha contra a claridade, encontro refúgio nas terras distantes que conjuro na minha imaginação.

A cidade onde meus romances policiais bem-humorados são ambientados e onde encontro Adriana, Michael e delegado Silva tem pouca semelhança com a cidade real e isso é o melhor da ficção, o bairro pode ser perigoso ou não; tudo uma questão de escolha. Os personagens podem se enforcar, ou dançar pelas ruas de paralelepípedos cantando músicas bregas. Quem conhece meus livros sabe que estou inclinada mais à segunda opção. Se posso criar um mundo melhor, por que escolheria um lugar deprimente? A realidade já é deprimente o suficiente. Na minha ficção o sol brilha o ano inteiro.

Der Sommer

Der Sommer wiederum bringt zusätzliche Vorteile in Europa. Es ist acht Uhr abends und die Sonne scheint immer noch. Die Tage werden länger und die Gesichter schmücken sich mit Lächeln. Die Sehnsucht gilt den Parks, den Bergen und den Seen. Die Blumen, die im Frühjahr zu blühen begannen, erreichen den Höhepunkt ihrer Schönheit. Rhododendren, Rosen und Narzissen. Der Körper hungert nach Sonne, nach Luft und nach Erde und er vergnügt sich auf einem Handtuch im Gras oder auf einem Fahrradsattel. Genießen wir es alle, denn all das ist vergänglich. Vielleicht ist es etwas, das nur Menschen begreifen, die in einem gemäßigten Klima leben, denn alles verändert sich, alles kommt zu Ende, um in einem unendlichen und unveränderlichen Kreislauf von Neuem zu beginnen.

Es ist eine Ironie des Schicksals, wenn man sagt, dass das einzig Unveränderliche darin besteht, dass der Wandel ein wesentlicher Bestandteil des Lebens ist. Um dieses Konzept nicht nur mit dem Verstand zu verstehen, gibt es nichts Besseres als ein Jahr in Europa zu verbringen. Im Sommer gehen wir alle Eis essen und Bier trinken. Baden und Radfahren. Wir sehnen uns nach dem Meer und den Treffen mit Freund*innen zum Grillen. Nach nur zwei oder drei Monaten und mit jeder neuen Dämmerung taucht die melancholische Gewissheit auf, dass wir uns langsam dem Ende des Sommers nähern. Der Herbst wird mit seinen kalten Fingern kommen und die Dunkelheit wird das Lachen und das warme Gefühl der Sonne auf unserer Haut verschwinden lassen und nur Erinnerungen hinterlassen.

Die Artikel in der deutschen Online-Zeitung waren ein Erfolg: Sie wurden von zehn Personen gelesen! Alle zehn waren mir nicht bekannt. Keine von ihnen ist mit mir blutsverwandt. Durch die Veröffentlichung wurde eine andere Online-Zeitung auf mich aufmerksam und sie bat mich um eine Geschichte über ein ungewöhnliches Abenteuer in Rio de Janeiro. Ich erinnerte mich an eine kuriose Episode, die Nildo und ich erlebten, als wir in Brasilien meine Familie besuchten. Da hatte ich Nildo von *der Rede* erzählt.

O verão

O verão por sua vez traz benefícios extras na Europa. Oito horas da noite e o sol ainda brilha. Os dias se tornam mais longos e os rostos se enfeitam com sorrisos. A urgência é pelos parques, pelas montanhas e pelos lagos. As flores que iniciaram seu florescer na primavera atingem a plenitude de sua beleza. Rododendros, rosas e narcisos. O corpo tem fome de sol, de ar e de terra e se esbalda sobre uma toalha estendida sobre a grama, em cima de selinho de uma bicicleta. Vamos todos desfrutar, pois tudo isso é passageiro. Talvez seja algo que só as pessoas que vivem em clima temperado entendam, pois tudo muda, tudo chega ao fim para recomeçar em um ciclo infinito e imutável.

É irônico dizer que a única coisa que é imutável é que a mudança é uma parte essencial da vida. Para entender este conceito não apenas com a razão, nada melhor do que passar um ano na Europa. No verão, todos nós vamos tomar sorvete e beber cerveja. Visitar a piscina pública e andar de bicicleta. Ansiamos pelo mar e encontramos amigos para churrascos. Após apenas dois ou três meses, e a cada novo amanhecer, emerge a certeza melancólica de que estamos nos aproximando lentamente do final do verão. O outono virá com seus dedos frios e a escuridão fará desaparecer o riso e a sensação quente do sol em nossa pele, deixando apenas lembranças.

As matérias no jornal online alemão fizeram sucesso. Foram lidas por dez pessoas. Todas elas desconhecidas. Nenhuma delas parente minhas. Com a publicação um outro jornal online me pediu por uma matéria contando sobre alguma aventura inusitada no Rio de janeiro. Lembrei-me de um episódio curioso que Nildo e eu vivemos quando estávamos no Brasil visitando minha família. Foi quando expliquei a Nildo sobre *o discurso.*

Die Rede

In Rio de Janeiro ist eines der gewagtesten Dinge, die man tun kann, einen Bus zu nehmen. Vor allem sollten Sie dafür in guter körperlicher Verfassung sein. Es ist wie bei einem Wettkampf: Trainieren Sie Ihr Tempo, um in den Bus einzusteigen, das Drehkreuz zu passieren und sich so schnell wie möglich hinzusetzen – wenn ein Platz frei ist. Wenn nicht – halten Sie sich an den Eisenstangen fest, spannen Sie Ihre Bauchmuskeln an und versuchen Sie gut stehen zu bleiben, damit Sie nicht auf die anderen Fahrgäste geschleudert werden. Ich habe Nildo das alles genau erklärt, bevor wir in den Bus gestiegen sind, aber Nildo hat mir nicht gut zugehört. Als er es schließlich schaffte, sich neben mich zu setzen – mit zerzaustem Haar und schnaufend – sagte er aufgeregt, er werde den Fahrer wegen gemeingefährlichen Fahrens anzeigen.

»Nildo, wir sind in Brasilien«, lautete meine Antwort.

Er beruhigte sich ein wenig, bis der Bus anhielt und ein Mann mit einem Rucksack und einem Paket in der Hand einstieg und anfing die Fahrgäste anzusprechen. Nildo verspannte sich wieder und fragte:

»Werden wir ausgeraubt?«

»Nein, Nildo, denkst du, ein Straßenräuber würde uns begrüßen?«

Nildo sprach kaum Portugiesisch, aber normalerweise versteht er *bom dia, boa tarde e boa noite* – Guten Morgen, guten Tag und guten Abend. Und der Mann hatte *boa tarde* gesagt. Ich erklärte Nildo, worum es ging: Der Typ war ein Straßenverkäufer, der vor allem *Bananada* verkaufte, also eine Süßigkeit aus Bananen. Sie hat in der Regel eine viereckige Form, die Konsistenz variiert von weich bis hart und die Farbe ist dunkel wie Kohle. Ich habe keine Ahnung, ob in diesen *Bananadas*, die in Bussen verkauft werden, tatsächlich Bananen enthalten sind, aber wir Brasilianer*innen lieben sie.

Dieser Verkäufer hat *die Rede* gehalten. Mehr oder weniger so:

»Guten Tag, meine Damen und Herren, liebe Passagiere. Ich möchte Ihnen heute folgendes Angebot vorstellen: Ein Päckchen *Bananada* für einen Real, um Ihnen die Reise zu versüßen. Sehen Sie, ich könnte da draußen sein und Leute ausrauben und sie sogar töten,

O discurso

No Rio de Janeiro uma das coisas mais audaciosas que alguém pode fazer é pegar um ônibus. Primeiro, é bom que você esteja em boa forma física. É como estar em uma competição: treine velocidade para subir no ônibus, passar pela roleta e se sentar o mais rápido possível – se houver lugar disponível. Se não – se agarre a alguma barra de ferro, tensione o abdômen e tente se manter de pé o melhor possível para evitar ser arremessado contra os outros passageiros. Expliquei tudo isso para o Nildo antes de entrarmos no ônibus, mas o Nildo não me deu muita atenção. Quando ele finalmente conseguiu se sentar ao meu lado – com o cabelo bagunçado e ofegante – disse agitado que iria denunciar o motorista por dirigir de forma perigosa.

— Nildo, nós estamos no Brasil — foi a minha resposta.

Ele se acalmou um pouco, até que o ônibus parou e um sujeito subiu com uma mochila e um pacote na mão e começou a falar na direção dos passageiros. Nildo voltou a ficar tenso e perguntou:

— Estamos sendo assaltados?

— Não, Nildo, acha que assaltante é educado assim?

Nildo não falava muito bem português, mas normalmente ele entende *bom dia, boa tarde e boa noite.* E o homem tinha dito boa tarde. Eu expliquei a Nildo do que se tratava: Aquele sujeito era um vendedor ambulante que vendia principalmente bananada, que é um doce feito de banana. Geralmente tem uma forma quadrada, a consistência varia de suave a dura e a cor é escura como carvão. Não faço a mínima ideia se há realmente banana nessas bananadas vendidas nos ônibus, mas nós brasileiros adoramos.

Esse vendedor estava fazendo o discurso. Mais ou menos assim:

— Boa tarde, senhoras e senhores passageiros. Estou trazendo para vocês hoje essa promoção. Um pacote de bananadas por um real, para adoçar sua viagem. Veja bem, eu poderia estar lá fora roubando, matando, mas estou aqui ganhando meu dinheiro honestamente. Quem vai querer um pacote?

aber ich bin hier und verdiene mein Geld auf ehrliche Weise. Wer möchte ein Päckchen? «

Ich erläuterte Nildo:

»Ich weiß nicht, wer die Rede erfunden hat, aber sie hat sich im ganzen Land verbreitet und wird von den Straßenverkäufern mit großem Erfolg angewendet. Ich kann mir vorstellen, dass sie sogar im Ausland verwendet wird.«

»Ich finde diese Rede ziemlich makaber. Ich würde keine *Rabanada* kaufen wollen.«

»*Bananada*, Nildo, *Rabanada* ist eine andere Süßigkeit.«

Aber zurück zu der Rede: Sie funktionierte. Viele Leute im Bus kauften *Bananada*, denn viele von ihnen wollten den Typ sicher unterstützen und ihn von der Versuchung befreien, sein Geld auf unehrliche Weise zu verdienen. Ich fragte Nildo:

»Meinst du, ich könnte die Rede nutzen, um meine Bücher zu verkaufen?«

Nildo starrte mich stirnrunzelnd an und antwortete:

»Diese Art von Humor verstehen die Leute in Deutschland nicht.«

»Humor? Ich habe es ernst gemeint.«

Am Ende des Tages, als es schon dunkel war und wir uns auf dem Weg zum Hotel befanden, zwang uns ein Geräusch in der Nähe der Mülltonnen zum Anhalten. Mein Herz klopfte, mein Atem ging schneller, mein Kopf war voller Bilder – ist es ein Psychopath mit einem Messer? Ein Räuber mit einer Pistole? – Es war nur eine Katze, die mit dem Müll spielte.

Ich seufzte erleichtert und wandte mich an Nildo: »Gut, dass der Typ, der hier sein könnte, um uns auszurauben und zu ermorden, sein Geld mit dem Verkauf von *Bananada* im Bus verdient.«

Nildo nickte und sagte, dass er am nächsten Tag auf jeden Fall eine *Rabanada* kaufen würde.

Nur um das klarzustellen:

Rabanada (Substantiv, Feminin): [Kulinarisch] Eine in Milch eingeweichte und gebratene Brotscheibe, die mit Ei bestrichen wird und gewöhnlich mit Zucker und Zimt oder Sirup bestreut serviert wird.

Bananada (Substantiv, Feminin): [Kulinarisch] Süßigkeit aus Bananenfruchtfleisch.

Expliquei ao Nildo:

— Não sei quem inventou o discurso, mas ele se espalhou pelo país e faz sucesso entre os vendedores ambulantes. Imagino que ele seja usado até mesmo no estrangeiro.

— Acho esse discurso bem macabro. Eu não iria querer comprar rabanada.

— Bananada, Nildo, rabanada é outro doce.

Mas voltando ao discurso: ele funciona. Muita gente no ônibus comprou a bananada, pois muitos com certeza queriam apoiar o sujeito e o livrar da tentação de ganhar seu dinheiro de modo desonesto. Perguntei ao Nildo:

— Acha que podia usar o discurso para vender meus livros?

Nildo me encarou com o cenho franzido e respondeu:

— Esse tipo de humor as pessoas na Alemanha não entendem.

— Humor? Tava falando sério.

No final do dia, estava escuro quando Nildo e eu caminhamos pela calçada em direção ao nosso hotel e um barulho perto das lixeiras fez com que Nildo e eu parássemos. Meu coração aos pulos, a respiração alta, a cabeça cheia de imagens – será que é algum psicopata com uma faca? Um assaltante com uma pistola? – Era apenas um gato brincando com o lixo.

Suspirei aliviada e comentei com o Nildo: — Ainda bem que o sujeito que poderia estar aqui, roubando e matando, está ganhando seu dinheiro vendendo bananadas no ônibus.

Nildo assentiu e disse que no dia seguinte ele faria questão de comprar uma *rabanada*.

Para que fique bem claro:

Rabanada (substantivo feminino): [Culinária] Fatia de pão embebida em leite e frita, depois de passada por ovo, que se serve geralmente polvilhada de açúcar e canela ou com calda.

Bananada (substantivo feminino): [Culinária] Doce feito da polpa da banana.

Abschied

Städte

Eines Tages kam Nildo mit einer Neuigkeit von der Arbeit: Man hatte ihm eine Stelle in Wien angeboten.

Einerseits war ich traurig, mich von meinen brasilianischen Freundinnen in Erlangen zu verabschieden. Andererseits tauchte die Möglichkeit auf, in der Hauptstadt Österreichs zu leben. Es ist möglich, sich in Städte zu verlieben. Meine erste Liebe galt Rio de Janeiro — die wunderbare Stadt — mit ihren Hügeln und Stränden, ihrer natürlichen Schönheit, voller Kurven. Rio ist wunderschön und ihre Straßen sind voller Leben, Farben und Gerüche. Das bunte Treiben ist ansteckend, und die Bewohner*innen von Rio de Janeiro gewöhnen sich auch an die weniger schönen Seiten — an die Kinder, die auf der Straße leben, an die Brutalität an den Straßenecken — und all das ist Teil eines unverfälschten Porträts einer Stadt mit einem besonderen Charme.

Die zweite Stadt, in die ich mich verliebte, war Wien mit ihrer klassischen Architektur, ihrer Geschichte, eine Stadt für Tourist*innen. Ein Denkmal nach dem anderen. Die Straßenbahnen, die Museen, die klassische Musik. Traditionelles vermischt sich mit Neuem. Mit Restaurants, die in New York oder Berlin ihre Adresse haben könnten.

Vor unserem Umzug traf ich Rita und Manuela in einer Bar in Erlangen. Wir bestellten Caipirinhas und schwelgten in Erinnerungen an unsere guten und schlechten Zeiten. Ich versicherte ihnen, dass es keinen Grund zur Traurigkeit gäbe. Wien war gleich um die Ecke und wir würden in Kontakt bleiben. Außerdem wusste ich, dass ich irgendwann nach Erlangen zurückkehren würde.

Despedida

Cidades

Um dia, Nildo voltou do trabalho com uma notícia: tinha recebido uma oferta de emprego em Viena.

Por um lado, estava triste em me despedir de minhas amigas brasileiras em Erlangen. Por outro, teria a oportunidade de morar na capital da Áustria. É possível se apaixonar por cidades. Minha primeira paixão foi o Rio de Janeiro – a cidade maravilhosa – com seus montes e praias, sua beleza natural, cheia de curvas. O Rio é lindo e suas ruas cheias de vida, cores e cheiros. A agitação contagia e as pessoas que moram no Rio de Janeiro se acostumam até com seu lado menos bonito – as crianças na rua, a brutalidade nas esquinas – e tudo isso faz parte de um retrato intocada de uma cidade com um charme especial.

A segunda cidade pela qual me apaixonei foi Viena com sua arquitetura clássica, sua História, como uma cidade para turistas. Um monumento após o outro. O bonde, os museus, a música clássica. O tradicional mesclado com o novo. Com os restaurantes que poderiam estar situados em Nova Iorque ou Berlim.

Antes de nossa mudança, encontrei com Rita e Manuela no bar de Erlangen. Pedimos caipirinhas e recordarmos nossos bons e maus momentos. Assegurei a elas que não havia motivos para tristeza. Viena era logo ali e manteríamos contato. Além do mais, sabia que em algum momento voltaria a morar em Erlangen.

Sie nickten mit dem Ausdruck derjenigen, die wissen, dass man aufgrund der räumlichen Entfernung nicht mehr so oft miteinander reden würde und dass unsere Freundschaft zu einem vergessenen Foto in unseren Handys werden könnte, und dass uns Facebook eines Tages in der Zukunft eine dieser Erinnerungen an einem besonderen Datum aus seinem Archiv schicken würde. Und auch wenn es nicht meine Absicht gewesen war, fand ich mich mit geschwollenen und verweinten Augen und dem Gefühl wieder, dass mein Leben für immer eine Aneinanderreihung von Abschieden sein würde.

Eine Woche später zogen Nildo und ich nach Wien. Ich war gleichzeitig traurig und glücklich. Tief in meinem Herzen war ich schon mit Österreich verbunden. Ein Volk, das Torte bäckt und sich mit Mahlzeit grüßt, hat schon etwas an sich. Wahrscheinlich habe ich in Brasilien zu oft den Film Sissi gesehen. Wien ... Strauss, Cafés, Sachertorte und Donau.

Von meiner netten Nachbarin aus Erlangen hatte ich mich nicht persönlich verabschiedet. Ich konnte keine weiteren roten und geschwollenen Augen ertragen. Wir entschlossen uns Briefe zu schreiben.

Der erste Brief, den ich ihr schickte, war unkompliziert. Ich berichtete über unsere neue Wohnung in Wien, 100 m^2, 3 Zimmer, Traumküche, Bad, WC, Holzböden, sehr hell, ruhig. Wie es in der Zeitungsannonce stand. Ich schrieb auch: Die Traumküche ist ganz klein, Nildo beschwert sich deshalb.

Elas assentiram com aquela expressão de quem sabe que, com a distância física provavelmente não nos comunicaríamos com tanta frequência, e que nossa amizade se tornaria uma foto esquecida na memória dos nossos celulares e que, algum dia no futuro, o *Facebook* mandaria uma daquelas recordações em alguma data especial gravada nos seus arquivos. E mesmo que não tivesse sido minha intenção, me vi com os olhos inchados e vermelhos e com a sensação de que minha vida seria para sempre uma sucessão de despedidas.

Uma semana depois, Nildo e eu nos mudamos para Viena. Estava triste e feliz ao mesmo tempo. No fundo do meu coração eu já estava ligada à Áustria. Há algo sobre um povo que assa tortas e se cumprimenta com *Mahlzeit*. Eu provavelmente assisti demais ao filme Sissi no Brasil. Viena ... Strauss, cafés, *Sachertorte* e o Danúbio.

Eu não havia me despedido pessoalmente da minha simpática vizinha de Erlangen. Não suportava mais olhos vermelhos e inchados. Combinamos que trocaríamos correspondência.

A primeira carta que lhe enviei foi direta. Contei a ela sobre nosso novo apartamento em Viena, 100 m², 3 quartos, cozinha de sonho, banheiro, lavabo, pisos de madeira, muito iluminado, silencioso. Tal como estava impresso no anúncio do jornal. Também escrevi: A cozinha dos sonhos é muito pequena, Nildo reclama o tempo todo.

Indianer

Als ich in Österreich ankam, packte mich ein seelischer Hunger nach Couscous. Jedes Land hat seinen eigenen Geschmack. Jedes Land hat seine Rezepte, Aromen und Gewürze: süß, bitter, sauer, scharf. Einen Geschmack, den man nicht nur mit der Zunge wahrnimmt, sondern mit dem ganzen Körper. Wenn man dieses Hungergefühl verspürt, weiß man, dass es nicht nur ums Essen geht. Es ist eine Art von Hunger, die nichts mit physischen Bedürfnissen zu tun hat. Couscous findet man in Nordafrika, in arabischen Ländern, in manchen Regionen Italiens. In Brasilien gibt es auch eine Speise, die Couscous genannt wird, aber im Gegensatz zu ihrem salzigen Cousin aus Weizen, ist sie süß — gekocht aus *Tapioca*, Milch, Zucker und geriebener Kokosnuss. *Tapioca* sind kleine weiße Kugeln aus Maniok, welche die Indianer zum Kochen verwenden. Als ich zu Nildo sagte, dass ich Couscous essen wollte, schlug er vor in ein arabisches Restaurant zu gehen.

»Arabisches Restaurant? Ich möchte Couscous aus *Tapioca* essen. Das Couscous der Indianer.«

Ich erzählte ihm voller Begeisterung, wie die Ureinwohner Amerikas *Tapioca* aus Maniok gewinnen. Mitten im Wohnzimmer meiner Wiener Wohnung sprach ich über die Indianer*innen, als ob ich eine von ihnen wäre. Ich, die immer in einer großen Stadt gelebt hatte und nur zweimal im Leben Indianer*innen getroffen hatte. Nildo, als deutscher Wiener, verstand nicht, warum ich unbedingt Couscous aus *Tapioca* essen wollte. Er fragte mich, ob ich in Brasilien jeden Tag Couscous auf indianische Art gegessen hätte. Sicher nicht. Schnell verwandelten sich die Brasilianerin in die Südamerikanerin und der Deutscher in den Europäer.

Ich sagte, dass er als Europäer kein recht hätte, sich über meine Vorliebe für indianische Speisen zu äußern. Europäer hätten die Indianer ausgebeutet und getötet. Mehr als fünfhundert Jahre Geschichte warfen ihren Schatten in unser Wohnzimmer. Nildo verteidigte sich und meinte, dass ich nur zu einem Drittel indianisch sei — wenn überhaupt — und zu einem weiteren Drittel europäische Wurzeln hätte.

Índios

Assim que cheguei na Áustria, fui tomada por uma fome spiritual de cuscuz. Cada país tem seu próprio gosto. Cada país tem suas receitas, sabores e especiarias: doce, amargo, azedo, apimentado. Um gosto que se percebe não só com a língua, mas com todo o corpo. Quando essa sensação de fome nos toma, sabemos que não se trata apenas de comida. É um tipo de fome que não tem nada a ver com necessidades físicas. O cuscuz é encontrado no norte da África, em países árabes, em algumas regiões da Itália. No Brasil, há também um prato chamado cuscuz, mas ao contrário de seu primo salgado feito de trigo, ele é doce - cozido a partir da tapioca, leite, açúcar e coco ralado. Tapioca são pequenas bolas brancas de mandioca que os índios usam para cozinhar. Quando eu disse a Nildo que queria comer cuscuz, ele sugeriu que fôssemos a um restaurante árabe.

— Restaurante árabe? Quero comer cuscuz de tapioca. O cuscuz dos índios.

Contei a ele empolgada como os nativos americanos fazem a tapioca a partir da mandioca. No meio da sala de estar do meu apartamento em Viena, eu falava dos índios como se eu fosse um deles. Eu, que sempre vivi em uma cidade grande e só encontrei índios duas vezes na minha vida. Nildo, como vienense alemão, não entendia porque eu insistia em comer cuscuz de tapioca. Ele me perguntou se eu havia comido cuscuz ao estilo indiano todos os dias no Brasil. Certamente que não. A brasileira rapidamente se transformou na Sul-americana e o alemão no Europeu.

Eu disse que como europeu ele não tinha o direito de comentar minha preferência pela comida indiana. Os europeus haviam explorado e matado os índios. Mais de quinhentos anos de história lançavam sua sombra em nossa sala de estar. Nildo se defendeu, dizendo que eu era apenas um terço índia — quando muito — e outro terço tinha raízes europeias.

Ich wusste nicht, was ich antworten sollte, und warf ihm vor, als Europäer zu wenig über die Geschichte oder über die Esskultur Südamerikas zu wissen.

Grundsätzlich habe ich recht. Die Indianer*innen heißen so, weil die Europäer des sechzehnten Jahrhunderts zu Hause nur fades Essen bekamen. Sie entschlossen sich, Indien auf einem schnellen Weg zu erreichen, um ein paar Gewürze nach Hause zu bringen. In Indien gab es nicht nur Pfeffer, sondern auch viele andere Aromen und Gewürze, die das Essen schmackhafter machen. Die Spanier vertan sich mit der Orientierung und sie stießen zufällig auf den neuen Kontinent. Die nackten Bewohner*innen, welche die Europäer im Land *entdeckten*, nannten sie Indianer: die Bewohner Indiens. Als sie den Fehler bemerkten, war es zu spät. Geschichte war schon geschrieben worden.

Die meisten Indianer*innen ernährten sich von Mais und Maniok, jedoch gab es auch einige, die Europäer aßen, wie wir aus Geschichtsbüchern erfahren können. Ich bezweifle, dass den Indianer*innen Spanier mit Mangosauce oder Portugiesen mit Fisch wirklich schmeckten. Wenn man bedenkt, dass diese ersten Europäer ein ganzes Leben lang eine geschmacklose Nahrung zu sich genommen hatten. Man würde wahrscheinlich eine Menge Pfeffer und Salz bei der Zubereitung von Europäern brauchen, damit sie gut schmecken. Die wenigen Indianer*innen, die Kannibal*innen waren, glaubten, die Kraft des Feindes durch die Aufnahme ihres Körpers zu gewinnen. Sie glaubten, dass sie ihren Mut stärken können, indem sie die Krieger verschlangen. Ich kann mir das erstaunte Gesicht des kleinen Indianers vorstellen, der das weiße Fleisch, das von einem europäischen Eindringling stammte, auf seinem Bananenblattteller vorfand.

»Mutti, muss ich das wirklich essen?«

Und die Mutter schon genervt: »Mahlzeit, Indianer!«

Aber das war lang her. Die Europäer kamen mit Kreuz, Kleidung und Kirche und natürlich mit Tischmanieren. Oder hatten sie doch keine Tischmanieren? Aber die drei K bekamen die Ureinwohner*innen Amerikas zu spüren. Die Schiffe, die an der Küste Brasiliens landeten, hatten nicht nur portugiesische Soldaten, sondern auch katholische Priester an Bord. Das Erste, was die Kolonisatoren machten, war ein riesiges Kreuz aufzustellen, um zu zeigen, dass Brasilien ab diesem Zeitpunkt zu einem Land Gottes geworden war.

Não sabia o que responder e o acusei de, como europeu, saber muito pouco sobre História ou sobre a cultura alimentar da América do Sul.

Não deixo de ter razão. Os índios são chamados assim porque os europeus do século dezesseis só tinham comida insossa em casa. Eles decidiram chegar à Índia por um caminho mais rápido para trazer para seu lar algumas especiarias. Na Índia, não havia apenas pimenta, mas também muitos outros temperos e especiarias que tornavam os alimentos mais saborosos. Os espanhóis tiveram problemas de localização e tropeçaram, por acaso, no novo continente. Os habitantes nus que os europeus *descobriram* na terra eles chamaram de índios: habitantes da Índia. Quando perceberam o erro, já era tarde demais. História já havia sido escrita.

A maioria dos índios se alimentava de milho e de mandioca, mas havia alguns que comiam europeus, como podemos aprender com os livros de História. Duvido que os índios gostassem realmente de espanhol com molho de manga ou de português com peixe. Considerando que estes primeiros europeus tinham comido uma dieta sem sabor durante toda sua vida. Provavelmente seria preciso muita pimenta e sal ao preparar os europeus para que ficassem gostosos. Os poucos índios que eram canibais acreditavam ganhar a força do inimigo ao ingerir seus corpos. Acreditavam que poderiam fortalecer sua coragem devorando guerreiros. Posso imaginar o rosto assombrado do indiozinho ao encontrar a carne branca de um invasor europeu em seu prato de folhas de bananeira.

— Mamãe, eu realmente tenho que comer isto?

E a mãe já irritada: — *Mahlzeit*, indiozinho!

Mas isso foi há muito tempo. Os europeus chegaram com cruzes, roupas e igrejas e, é claro, com maneiras à mesa. Ou será que eles não tinham maneiras à mesa? Mas cruzes, roupas e igrejas foram sentidas pelos nativos e nativas americanos. Os navios que desembarcaram na costa do Brasil tinham a bordo não só soldados portugueses, mas também padres católicos. A primeira coisa que os colonizadores fizeram foi erguer uma enorme cruz para mostrar que o Brasil a partir de então tinha se tornado uma terra de Deus.

Danach wurden die Indianer*innen bekleidet, Kirchen errichtet, das Land ausgebeutet und Indianer*innen getötet. Zwischendurch wurde gebetet, wie es sich in einem Land Gottes gehörte. Später würden diese Schiffe auch afrikanische Sklaven nach Brasilien bringen. Aus der Mischung von Europäern, Afrikanern und Indianern entstand das brasilianische Volk.

Von den katholischen Priestern wurden der katholische Glaube und die christlichen Feiertage eingeführt. Weihnachten zum Beispiel.

In Brasilien habe ich viele Verwandte. Der Heilige Abend ist eine Gelegenheit, alle an einen Tisch zu bringen. Der Tisch muss groß und lang sein und es wird besonders gut aufgekocht: Truthahn, Schinken, Reis mit Rosinen, Armer Ritter, *Panettone*, der in Brasilien genauso beliebt ist wie in Italien. So viele Speisen werden zubereitet, dass eine große Familie einen ganzen Monat davon leben könnte. Die Stimmung ist fröhlich: Die Kinder laufen herum, die Frauen unterhalten sich miteinander, bis jemand etwas Falsches sagt und alle zu streiten beginnen. Man darf nicht vor Mitternacht zu essen beginnen. Meine Cousine sagte immer, sie wolle nur Obst essen, jedoch lag am frühen Morgen eine Truthahnkeule auf ihrem Teller.

In Österreich wird ganz anders gefeiert. Am Tisch sitzt nur unsere kleine österreichische Familie. Ohne Kinder. Wir haben im Wohnzimmer einen Weihnachtsbaum, der mit Kerzen geschmückt ist. Einen echten Baum. In Brasilien sind die Weihnachtsbäume aus Plastik, geschmückt mit elektrischen Lämpchen. Während ich in der Wohnung meiner Schwiegermutter Suppe esse, sind meine Gedanken bei der großen Familie in Brasilien. Ich habe Hunger, jedoch schmeckt mir die Suppe nicht. Es fehlt etwas. Meine Schwiegermutter räumt die Suppenteller ab und kommt gleich wieder aus der Küche zurück.

»Schau! Ein Truthahn.«

Sie sagt, der Indian sei fertig. Der Indian? Niemand kann mir erklären, warum der Truthahn in Österreich Indian genannt wird. Der Name gefällt mir und wer hätte das gedacht? Der Indian schmeckt genauso wie der Truthahn meiner Mutter. Ich stille meinen Hunger mit einem Stück Indian. Es schmeckt nach Heimat.

Depois disso, os índios foram vestidos, as igrejas foram construídas, a terra foi explorada e os índios assassinados. Isso tudo em meio a orações, como se convém em uma terra de Deus. Mais tarde, esses navios também trariam escravos africanos para o Brasil. Da mistura de europeus, africanos e índios, surgiu o povo brasileiro.

A fé católica e os feriados cristãos foram introduzidos pelos padres católicos. O Natal, por exemplo.

No Brasil, tenho muitos parentes. A véspera de Natal é uma oportunidade para colocar todos ao redor da mesa. A mesa tem que ser grande e comprida e há comida extra: peru, presunto, arroz com passas, rabanada, *panetone*, que é tão popular no Brasil quanto na Itália. Tantos pratos são preparados que uma grande família poderia se alimentar durante um mês inteiro. O ambiente é alegre: as crianças correm pela casa, as mulheres conversam até que alguém diz algo errado e todos começam a discutir. Não se é permitido comer antes da meia-noite. Minha prima costumava dizer que só queria comer frutas, mas de manhã cedo havia uma perna de peru no prato dela.

Na Áustria, celebramos de maneira bem diferente. Somente nossa pequena família austríaca se senta à mesa. Sem crianças. Temos uma árvore de Natal na sala de estar, decorada com velas. Uma árvore de verdade. No Brasil, as árvores de Natal são feitas de plástico, decoradas com luzes elétricas. Enquanto como sopa no apartamento da minha sogra, meus pensamentos estão com a grande família no Brasil. Estou com fome, mas a sopa não me agrada. Algo está faltando. Minha sogra carrega os pratos de sopa e volta logo a seguir da cozinha.

— Veja! Um peru.

Ela diz que o índio está pronto. O índio? Ninguém pode me explicar por que peru é chamado de índio na Áustria. Eu gosto do nome e quem adivinharia? O índio tem o mesmo gosto do peru de minha mãe. Saciei minha fome com um pedaço de índio. Tem gosto de lar.

Tabu

Nildo fragte mich, ob ich Lust hätte, ein paar Bekannte aus seiner Schulzeit zu treffen. Ich hatte nichts dagegen, und so rief mich Sylvia an, um einen Termin zu vereinbaren. Sylvia und Stephen wohnten in Hernals, im 17. Bezirk. Am Anfang hatte ich Schwierigkeiten, ihren Wiener Akzent zu verstehen. Sylvia fragte mich, ob wir uns am Freitag treffen könnten.

»Freitag ist in Ordnung«, sagte ich.

»Viertel sieben?«

»Viertel sieben.«

Am Freitag, als Nildo und ich uns umzogen, fragte ich, in welch einer Beziehung er mit diesen Bekannten stand.

»Sind sie nicht deine Freunde?«

Mir fiel die Angewohnheit in Deutschland – und anscheinend auch in Österreich – Freund*innen und Kolleg*innen zu unterscheiden, immer noch schwer.

»Es sind keine Freunde, aber sie sind ganz nett.«

Nildo klang nicht überzeugend und gestand, nachdem ich ihn mit weiteren Fragen bombardiert hatte, dass es eine Rivalität zwischen ihnen gab. Sie verglichen ständig ihr Leben und ihre Erfolge miteinander und jeder von ihnen wollte der oder die Beste sein.

»Was für ein kindisches Verhalten!«, sagte ich. »Wichtig ist, dass man Begegnungen feiert und schöne Momente miteinander teilt.«

Nildo meinte, dass Sylvia wahrscheinlich neidisch sein würde, weil ich Schriftstellerin bin.

»Ach, wirklich?«, fragte ich wie nebenbei.

Dann beschloss ich, dass ich anstatt Jeans und T-Shirt ein schickes Kleid tragen würde, das ich in einer Boutique in *Ipanema* gekauft hatte.

Wir kamen um 19.18 Uhr mit einer Flasche Rotwein in der Wohnung von Sylvia und Stephen an. Sie öffneten uns die Tür. Beide waren groß und körperlich fit, was darauf hindeutete, dass sie Sport trieben.

Tabu

Nildo perguntou se eu gostaria de encontrar alguns conhecidos dele dos tempos de escola. Não tinha nada contra e assim Sylvia me ligou para combinar uma data. Sylvia e Stephen moravam em Hernals, no 17 Bezirk. À princípio tive dificuldade de entender o sotaque vienense dela. Sylvia me perguntou se poderíamos nos encontrar na sexta-feira.

— Na sexta, tudo bem — disse eu.

— Um quarto sete?

— Um quarto sete.

Sexta-feira quando Nildo e eu trocávamos de roupa perguntei como era seu relacionamento com esses conhecidos.

— Não são seus amigos?

Eu ainda não havia me acostumado de todo com o costume na Alemanha – e pelo que parecia também na Áustria – de distinguir *amigo* de *colega.*

— Amigos não são, mas são agradáveis.

Nildo não soava convincente e após minha insistência confessou que havia uma rivalidade entre eles. Estavam sempre comparando suas vidas e seus sucessos e cada um queria ser o melhor ou a melhor.

— Que comportamento mais infantil! — disse eu — O importante é celebrar encontros e compartilhar momentos agradáveis.

Nildo comentou que Sylvia ficaria com inveja por eu ser escritora.

— Ah, é mesmo? — perguntei de modo displicente.

Então decidi trocar os jeans e camiseta por um vestidinho chique que havia comprado em uma butique em Ipanema.

Chegamos no apartamento de Sylvia e Stephen às 19h18 com uma garrafa de vinho. Eles abriram a porta para nós. Os dois eram altos e exibiam boa forma física, com certeza se dedicavam a atividades físicas.

Stephen wandte sich an Nildo:

»Du bist spät dran.«

Nildo schaute auf seine Uhr.

»Meckerst du wegen ein paar Minuten?«

»Minuten?«, Stephen hob die Augenbrauen. »Eine Stunde.«

»Eine Stunde?«, Nildo schaute zu mir. »Du hast mir sieben Uhr fünfzehn gesagt.«

Ich schaute in Sylvias Richtung.

»Sie hat mir das gesagt.«

»Ich habe viertel sieben gesagt«, antwortete Sylvia.

»Das stimmt«, bestätigte ich, »viertel sieben.«

Nildo griff nach meinem Arm und flüsterte mir ins Ohr:

»Viertel sieben ist sechs Uhr fünfzehn.«

Ich runzelte die Stirn. In welcher verdrehten Welt bedeutet viertel sieben sechs Uhr fünfzehn?

»Es ist verständlich«, erklärte Stephan, »sie ist Brasilianerin, sie kann kaum Deutsch.«

Mir kochte das Blut in den Adern und ich wollte antworten, dass *sie* Deutsch kann, was *sie* nicht kann ist Österreichisch.

Nildo gab Stephen den Wein und Sylvia hängte unsere Mäntel auf. Wir folgten ihnen ins Wohnzimmer. Die Wohnung hatte einen traditionellen Stil mit schweren Möbeln und hohen Decken. Der Holzboden knarrte unter unseren Füßen.

Im Wohnzimmer saß ein Paar auf einem gelben Sofa. Auf dem Tisch standen Weingläser und Bierflaschen.

»Das sind Stefan und seine Frau Dagmar.«

Ich schaute vom Gastgeber zum Gast und fragte Dagmars Mann:

»Heißen Sie auch Stefan?«

»Ich ja, er nicht.«

»Wie bitte?«

»Ich bin Stefan, er ist Stephen. F und PH, compreende?«

Ich wollte schon laut sagen: Fuck! Oder sollte ich lieber Phuck mit PH schreien? Zum Schluss schwieg ich mit der Gewissheit, es würde ein langer Abend werden. Am liebsten hätte ich mir eine Ausrede ausgedacht, um die Wohnung gleich verlassen zu können. Ich könnte behaupten, dass ich krank war, dass ich hämorrhagisches Dengue-Fieber habe – sie würden sich zu Tode erschrecken.

Stephen se dirigiu a Nildo:

— Chegou atrasado.

Nildo olhou para o relógio.

— Está reclamando por conta de alguns minutos?

— Minutos? — Stephen jogou as sobrancelhas para o alto — Uma hora.

— Uma hora? — Nildo olhou na minha direção — você me disse sete e quinze.

Olhei na direção de Sylvia.

— Foi o que ela disse.

— Disse um quarto sete — respondeu Sylvia.

— Isso mesmo — confirmei — Um quarto sete.

Nildo me segurou pelo braço e sussurrou no meu ouvido:

— Um quarto sete são seis e quinze.

Franzi o cenho. Em que mundo distorcido um quarto *sete* significa seis e quinze?

— Dá para entender — disse Stephan — ela é brasileira, não entende muito bem alemão.

Meu sangue ferveu e a vontade foi de dizer que *ela* entendia alemão, o que *ela* não entendia era austríaco.

Nildo entregou o vinho para Stephen e Sylvia pendurou nossos casacos. Nós os seguimos para a sala. O apartamento tinha um estilo tradicional com móveis pesados, teto alto. O assoalho de madeira rangia sob nossos pés à medida que caminhávamos.

Na sala um casal estava sentado no sofá amarelo. Havia copos de vinho e garrafas de cerveja em cima da mesa.

— Esse é o Stefan e a esposa dele Dagmar.

Olhei de um para o outro e perguntei para o marido de Dagmar:

— Você também se chama Stefan?

— Eu me chamo, ele não.

— Perdão?

— Eu sou Stefan, ele é Stephen. F e PH, compreende?

Eu queria dizer em voz alta: Foda! Ou seria melhor gritar Phoda com PH? Acabei ficando em silêncio, certa de que seria uma longa noite. Minha vontade era de inventar alguma desculpa e deixar aquele apartamento imediatamente. Podia dizer que estava doente, sofria de dengue hemorrágica, daria um susto neles.

Sylvia wollte unbedingt, dass ich neben Dagmar Platz nahm, der Frau von Stefan oder Stefen – der mit dem F. Ich hatte den Überblick schon verloren. Ich setzte mich auf das Sofa, während Nildo sich mit PH unterhielt. Es roch nach Käse und ich hatte Hunger. Dagmar war kleiner und nicht schlank wie Sylvia, was auf einen übermäßigen Konsum von Sachertorte hindeuten könnte.

»Wir konnten nicht warten und haben schon gegessen«, sagte Sylvia, »wir dachten, ihr würdet nicht mehr kommen.«

PH ergänzte:

»Ich habe Sylvia gesagt, dass es nicht deine Art ist, ohne Vorwarnung zu spät aufzutauchen, aber sie argumentierte, dass du jetzt mit einer Brasilianerin verheiratet bist.«

»Ausländer haben andere Sitten, nicht wahr?«

Der einzige Trost war zu wissen, dass F und PH und ihre jeweiligen Ehefrauen nur Bekannte und keine Freunde von Nildo waren. Dieser Abend würde sich bestimmt nicht zu einer regelmäßigen Veranstaltung entwickeln. Sylvia brachte eine Schüssel mit Mini-Brezeln. Ich nahm ein Glas Rotwein entgegen und Nildo trank Mineralwasser, da er der Fahrer war.

»Wie wäre es mit ein wenig Entspannung?«, fragte Sylvia. »Wir können etwas spielen. Es gibt keine bessere Art und Weise sich zu entspannen.«

Nun, ich könnte mehrere Möglichkeiten nennen, wie man sich besser entspannen kann als mit einem Spiel, aber ich hatte keine Zeit, einen Kommentar abzugeben. PH hatte bereits eine Schachtel mit der Aufschrift Tabu auf den Tisch gestellt. Ich trank mein Glas aus.

»Kennen Sie dieses Spiel?«, fragte er in meine Richtung.

Offensichtlich dachte er, dass ich als Ausländerin nicht oft spielen würde. Das tat ich wirklich nicht, aber das hatte nichts damit zu tun, dass ich aus einem anderen Land kam, sondern damit, dass ich Spiele hasse. Jeglicher Art. PH erläuterte das Spiel so, dass F einen Begriff erklären würde und Sylvia und ich mussten den Begriff erraten. Wer den Begriff zuerst erriet, bekäme einen Punkt.

Nildo drückte meine Hand und flüsterte mir ins Ohr.

»Du schaffst das! Du schaffst das!«

Ich fühlte mich, als würde ich gleich in einen Ring steigen, um Sylvia ins Gesicht zu schlagen. Das Bild im Kopf veranlasste mich mehrmals mit entschlossenem Gesichtsausdruck zu nicken.

»Ich schaffe das! Ich schaffe das!«

Sylvia fez questão que eu me sentasse ao lado da mulher do Stefan ou Stefen — aquele com F. Já tinha perdido a noção. Sentei-me no sofá, enquanto Nildo conversava com PH. Cheirava a queijo e eu estava com fome. Dagmar era baixa e menos magra do que Sylvia, o que podia indicar um consumo excessivo de torta Sacher.

— Nós não pudemos aguardar e já comemos — disse Sylvia — achamos que vocês não viriam mais.

O PH complementou:

— Disse para Sylvia que não é seu estilo aparecer tarde, sem nem mesmo avisar, mas ela argumentou que agora você está casado com uma brasileira.

— Estrangeiros têm outros costumes, não é mesmo?

O único consolo era saber que F e PH e suas respectivas esposas eram apenas conhecidos e não amigos do Nildo. Esta noite certamente não se transformaria em um evento frequente. Sylvia trouxe uma tigela com mini *pretzels*. Aceitei um copo de vinho tinto e o Nildo bebeu água mineral, pois ele é quem estava dirigindo.

— Que tal relaxarmos um pouco? — Sylvia perguntou — Que tal um jogo? Não há melhor maneira para relaxar.

Bem, eu poderia citar várias maneiras melhores para relaxar do que com um jogo, mas não tive tempo para fazer algum comentário. PH já havia colocado uma caixa sobre a mesa onde se lia Tabu. Bebi meu vinho num único gole.

— Você conhece esse jogo? — ele perguntou na minha direção.

Aparentemente ele achava que por se estrangeira não tinha o costume de jogar. Não costumava mesmo, mas não tinha nenhuma relação com o fato de ser originária de outro país e sim por detestar jogos. De qualquer tipo. PH explicou o jogo, F daria explicações sobre um termo e Sylvia e eu teríamos que adivinhar o termo. Quem adivinhasse o termo primeiro receberia um ponto.

Nildo apertou minha mão e sussurrou no meu ouvido.

— Você consegue, você consegue.

Senti-me como se estivesse prestes a entrar num ringue para dar uns socos na cara de Sylvia. A imagem mental me incentivou a assentir várias vezes com um olhar determinado.

— Eu consigo, eu consigo.

Erster Begriff: Gerät, das zur Lagerung und Frischhaltung von Lebensmitteln dient.

Ich rief: Kühlschrank.

Sylvia rief: Eiskasten.

Punkt für Sylvia.

Zweiter Begriff: Das, was wir oben auf die Pizza legen, rot, wird für Soßen verwendet.

Ich rief: Tomaten.

Sylvia rief: Paradeiser.

Punkt für Sylvia.

Dritter Begriff: Derjenige, der Verbrecher verhaftet, trägt eine Uniform.

Ich rief: Polizist.

Sylvia rief: Kibera.

Punkt für Sylvia.

Auf der Rückfahrt beschwerte ich mich bei Nildo, wie ungerecht das gewesen sei.

»Ich habe alles richtig beantwortet und ich akzeptiere die Ausrede von PH nicht, dass wir in Wien sind und seine Frau deshalb die Punkte gewonnen hat.«

»Wer ist PH?«, fragte Nildo, während er das Auto steuerte.

Ich ignorierte seine Frage.

»Warum hast du dich nicht beschwert, Nildo?«

»Was hast du selber gesagt? Wichtig ist, dass man Begegnungen feiert und schöne Momente miteinander teilt.«

»Das ist nicht lustig, Nildo.«

Nildo lachte trotzdem.

Primeiro termo: aparelho que se usa para guardar alimentos e conservá-los frescos.
Eu gritei: Geladeira.
Sylvia gritou: Caixa de gelo.
Ponto para Sylvia.

Segundo termo: Aquilo que colocamos em cima da pizza, vermelho, se usa para molhos
Eu gritei: Tomate.
Sylvia gritou: Paradiser.
Ponto para Sylvia.

Terceiro termo: Aquele que prende criminosos, usa uniforme
Eu gritei: Policial.
Sylvia gritou: Kibera.
Ponto para Sylvia.

No carro de volta para casa, reclamei com Nildo como aquilo havia sido injusto.

— Respondi a tudo certo e não aceito aquela desculpa do PH de que estamos em Viena e por isso a mulher dele deveria ganhar os pontos.

— Quem é PH? — perguntou Nildo enquanto dirigia o carro.

Ignorei a pergunta dele.

— Por que você não reclamou, Nildo?

— Não foi você mesma quem disse? O importante é celebrar encontros e compartilhar momentos agradáveis.

— Isso não tem graça nenhuma, Nildo.

Mesmo assim Nildo riu.

Der Brief

Tage und Monate vergingen.

Es war mein erster Winter in Österreich und ich spazierte durch die Straßen der Stadt, ohne ein Ziel zu haben. Ich sah die Bäume in Schönbrunn. Sie hatten Äste wie Knochen, die im Wind tanzen, wie verhungerte Menschen, die in den bewölkten Himmel starren. Ich sah die Bäume, aber auf Deutsch konnte ich nicht schildern, welchen Eindruck sie auf mich machten. In meinem Deutsch fehlten den Bäumen nicht nur die Blätter, sondern auch alle Möglichkeit für mich sie zu beschreiben. In meinem Deutsch waren es nur Bäume.

Eines Tages sagte Nildo zu mir: »Erinnerst du dich an unsere nette Nachbarin aus Erlangen? Ich habe gehört, dass sie Krebs hat.«

Er sagte, sie habe Krebs. Ich hörte, sie würde sterben. Weit weg von mir wird sie sterben, allein und krank. Sie wird sterben, mit Schmerzen. Ich ging auf die Toilette und sperrte mich ein. Ich floh vor den Augen meines Mannes, ich floh in der Hoffnung, ich könnte auch meinen Gefühlen entfliehen. Aber das ging nicht. Ich weinte und ich sah meine Nachbarin vor mir. Ohne die weißen Zuckerwatte-Haare, mit Schatten um die Augen herum, mit leiser und zerbrechlicher Stimme.

Ich wollte ihr schreiben. Ich wollte ihr etwas Lustiges erzählen. Aber ich fühlte eine gewisse Leere. Ich fing Briefe an, um sie wieder wegzuwerfen. Ich wollte nicht über das Wetter schreiben, ich wollte etwas komplett anderes. Ich wollte fragen, ob sie jemals ein blaues Kleid hatte, oder welche Art von Nachtisch sie liebte. Ich wollte über meine eigene Kindheit erzählen. Wenn ich traurig war, bin ich immer auf einen Guavebaum in unserem Hinterhof geklettert. Würde sie überhaupt wissen, wie eine Guave aussieht? Den Sommerurlaub hatten wir am Strand verbracht. Die Nachmittage meiner Kindheit rochen nach Meerwasser und Holzbooten. Die Möwen flogen in den Himmel und ich träumte, dass ich eine Möwe war. Ich wollte meiner Nachbarin alle meine Erinnerungen leihen, und wenn sie der Tod traf, sollte sie nicht in einem Krankenzimmer mit weißen Wänden, sondern am Strand auf der anderen Seite der Welt sein.

A carta

Passaram-se dias e meses.

Era meu primeiro inverno na Áustria e eu andava sem destino pelas ruas da cidade. Admirava as árvores em *Schönbrunn*. Elas tinham galhos como ossos dançando ao vento, como pessoas famintas olhando para o céu nublado. Via árvores, mas em alemão não conseguia descrever a impressão que elas causavam em mim. Em meu alemão, faltavam às árvores não apenas folhas, mas também qualquer possibilidade de eu descrevê-las. No meu alemão elas eram apenas árvores.

Um dia Nildo me disse: — Você se lembra de nossa simpática vizinha de Erlangen? Ouvi dizer que ela está com câncer.

Ele disse que ela estava câncer. Ouvi que ela estava morrendo. Longe de mim ela vai morrer, sozinha e doente. Ela morrerá, com dor. Fui ao banheiro e me tranquei lá dentro. Fugi dos olhos do meu marido, fugi na esperança de poder escapar dos meus sentimentos também. Mas não consegui. Chorei e vi minha vizinha na minha frente. Sem os cabelos brancos de algodão doce, com sombras ao redor dos olhos, a voz suave e frágil.

Eu queria lhe escrever. Queria lhe contar algo engraçado. Mas eu sentia um certo vazio. Comecei cartas apenas para jogá-las fora novamente. Não queria escrever sobre o tempo, queria algo completamente diferente. Queria perguntar se ela já tivera um vestido azul, ou que tipo de sobremesa ela mais gostava. Queria contar sobre minha própria infância. Quando eu estava triste, costumava subir em uma goiabeira em nosso quintal. Será que ela saberia sequer como era uma goiaba? Passávamos as férias de verão na praia. Minhas tardes de infância cheiravam a água do mar e a barcos de madeira. Gaivotas voavam no céu e eu sonhava que era uma gaivota. Queria emprestar à minha vizinha todas as minhas lembranças, e quando a morte a atingisse, ela não estaria em um quarto de hospital com paredes brancas, e sim na praia do outro lado do mundo.

Auf dem Fensterbrett würde noch Schnee liegen, ihr Körper auf baumwollenem Bettzeug, und sie liefe auf diesem Strand entlang, an dem ich als Kind Muscheln gesammelt hatte. Sie liefe und spränge gegen den Wind und am Horizont färbte die Sonne die Wolken mit orangenen Flecken und die Wellen löschten alle unsere Fußabdrücke, um uns zu erinnern, dass wir auch nicht für ewig hier bleiben würden.

Dann wurde mir klar, dass ich keinen solchen Brief auf Deutsch schreiben konnte. Aber wenn ich ihn nicht schreiben konnte, würde ich ihn erfinden. Ich nahm alle alten Spiegel-Magazine und fing an die Artikel durchzulesen, und wenn ich etwas Schönes fand, schnitt ich es aus. Manchmal ganze Sätze, manchmal nur ein einziges Wort. Es war mir egal, wie lang ich dafür brauchen würde. Ich würde mit aus dem Spiegel ausgeschnittenen und aufgeklebten Worten den schönsten Brief erfinden.

Einen Monat brauchte ich. Einen ganzen Monat und dann war er fertig. Ich brachte ihn zur Post und schickte ihn nach Deutschland. Sie würde sich freuen, ich war ganz sicher.

Wochen später kam der Brief zurück. *Verschlossen.* Ich nahm den Brief aus dem Briefkasten und wollte nicht zur Wohnung zurück. Ich ging die Straße entlang. Ich ging zum Schloss Schönbrunn. Meine Beine bewegten sich ganz automatisch und ich hielt den Brief gegen meine Brust gedrückt. *Verschlossen.* Ich ging die Allee entlang an diesem Winternachmittag. Die schönsten Worte an mein Herz gedrückt. Die Luft fing an kälter zu werden. Ich ging zurück nach Hause mit dem Brief an meinem Körper. *Verschlossen.*

Als ich wieder Zu Hause war, rief ich meine Mutter an.

»*Alô, mãe?*« Es war komisch, aber mir fehlten die Worte.

Konnte das wirklich so sein?

Es war nie so schwierig, in meiner eigenen Sprache etwas zu sagen.

Ainda haveria neve no parapeito da janela, seu corpo na cama enrolado nos lençóis de algodão, e ela correria ao longo desta praia onde eu havia catado conchas quando criança. Ela correria e saltaria contra o vento e no horizonte o sol coloriria as nuvens com manchas alaranjadas e as ondas apagariam todas as nossas pegadas para nos lembrar que, nós também, não ficaríamos aqui para sempre.

Então eu percebi que não poderia escrever tal carta em alemão. Mas se eu não conseguisse escrevê-la, eu a inventaria. Peguei todas as antigas revistas *Spiegel* e comecei a ler os artigos, e quando encontrava algo bonito, eu o recortava. Às vezes frases inteiras, às vezes apenas uma única palavra. Não me importava quanto tempo levaria. Iria com palavras recortadas da revista e coladas juntas inventar a mais bela carta.

Levou um mês. Um mês inteiro e estava pronta. Eu a levei aos correios e a enviei para a Alemanha. Ela ficaria feliz, tinha certeza disso.

Semanas depois, a carta voltou. *Fechada.* Tirei a carta da caixa postal e não quis voltar para o apartamento. Andei à esmo pela rua. Caminhei em direção ao palácio *Schönbrunn.* Minhas pernas se moviam automaticamente e eu segurava a carta contra meu peito. *Fechada.* Caminhei ao longo da avenida naquela tarde de inverno. As mais belas palavras pressionadas contra o meu coração. O ar começou a ficar mais frio. Voltei para casa com a carta contra o meu corpo. *Fechada.*

Ao chegar em casa, liguei para minha mãe.

— Alô, mãe? — Era estranho, mas não tinha palavras.

Poderia ser realmente assim?

Nunca foi tão difícil dizer algo em meu próprio idioma.

Danksagung und eine Bitte

Vielen Dank für die Unterstützung und bitte schreiben Sie eine Rezension!
Dafür bedanke ich mich im Voraus!

Agradecimento e um pedido

Muito obrigada pelo apoio e por favor escreva uma resenha!
Agradeço antecipadamente!

Entre em contato! Lass uns verbinden!

Website: www.cgfernandes.com
Instagram& Facebook: cgfernandes_publishing
LovelyBooks: https://www.lovelybooks.de/autor/Chris-Gomes/

Chris Gomes

Chris Gomes schreibt humorvolle Geschichten. Als sie Rio de Janeiro gegen Erlangen tauschte, erlebte sie einen Kulturschock. Erlangen ist so klein, ruhig und ordentlich im Vergleich zu Rio de Janeiro. Jetzt hat sie sich an das ruhige Leben gewöhnt und plant eine Geschichte mit Erlangen als Tatort zu schreiben

Chris Gomes

Chris Gomes escreve histórias bem-humoradas. Quando ela trocou o Rio de Janeiro por Erlangen, ela vivenciou um choque cultural. Erlangen é tão pequena, calma e organizada em comparação com Rio de Janeiro. Agora ela se acostumou com a vida pacata e planeja escrever uma história tendo Erlangen como local do crime.

cgfernandes

Indie. Writing. Publishing

CAIPIRINHA
und ein Tropfen Blut
CHUCRUTE e uma gota de Sangue
Chris Gomes

zweisprachige Ausgabe
Deutsch-Portugiesisch

Versão Bilíngue
Alemão-Português

CHUCRUTE e uma pitada de Morte
CAIPIRINHA
und eine Prise Gefahr
Chris Gomes

zweisprachige Ausgabe
Portugiesisch-Deutsch

Versão Bilíngue
Português-Alemão

Der brasilianische Mörder
O assassino brasileiro
Chris Gomes

zweisprachige Ausgabe
Deutsch-Portugiesisch
4 Teile

Versão Bilíngue
Alemão-Português
4 Partes

Die Verwandlung
A Metamorfose
Franz Kafka

zweisprachige Ausgabe
Deutsch-Portugiesisch

Versão Bilíngue
Alemão-Português